AF359877

Le Coup Sûr

AU BACCARA

PAR

B. RATFIN

DÉDIÉ

AUX

JOUEURS

DE

MATÉRIELLE

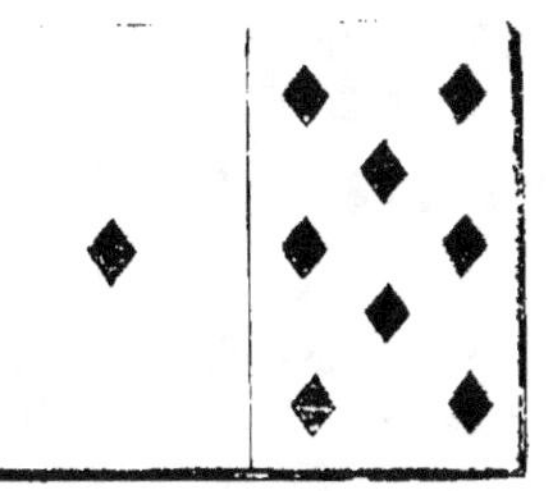

PRIX : 2 FRANCS

LIBRAIRIE H. CHASSING

AVIGNON

Place de l'Hôtel-de-Ville et rue des Marchands, 2

Le Coup Sûr

AU BACCARA

par

B. RATFIN

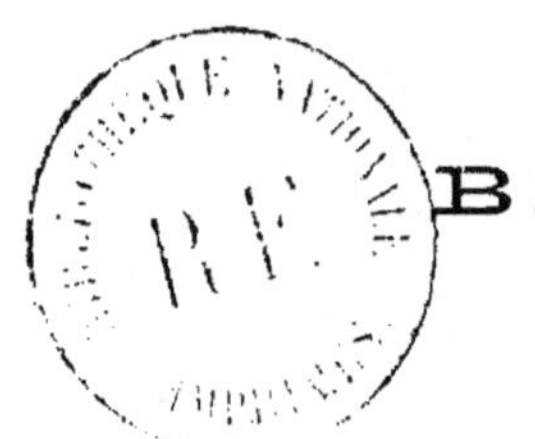

DÉDIÉ

AUX

JOUEURS

DE

MATÉRIELLE

PRIX : 2 FRANCS

LIBRAIRIE H. CHASSING

AVIGNON

Place de l'Hôtel-de-Ville et rue des Marchands, 2

Nota. — Chaque exemplaire devra être revêtu de
ma signature.

A MM. LES JOUEURS DE MATÉRIELLE

MESSIEURS,

« Les jours se suivent et ne se ressemblent pas », dit un proverbe vrai entre tous : Il en est de même des coups de cartes au baccara.

Il n'y a, pour s'en convaincre, qu'à consulter les tableaux ci-après, reproduction fidèle des coups réalisés pendant une période de 20 jours, dans un cercle d'amis, c'est-à dire dans une réunion honnête et choisie où, partant, l'on n'avait à craindre aucune combinaison plus ou moins suspecte de la part des banquiers.

Afin de mieux prouver ce que j'ai dit plus haut, j'avais noté au fur et à mesure et cela trois mois durant, les 72 premiers coups de cartes données, sans tenir compte ni des mains brûlées, ni du tirage à cinq ; et j'avais ainsi obtenu le joli total de 6.480 coups par tableau, soit 12.960 pour les deux que je me proposais de présenter ici.

Mais j'ai dû y renoncer pour plusieurs raisons :

La première, la principale, c'est que je n'aurais pas été plus convaincant ; la seconde, parce que j'aurais fatigué le lecteur, et la dernière, pour m'épargner des frais d'impression trop dispendieux.

En effet, assurer 40 mises de gain en 20 jours n'est-ce pas en assurer 180 en 90 jours ?

Et, d'autre part, la personne ayant déjà consulté 40 tableaux irait-elle jusqu'au quatre-vingt-dixième ?

Enfin, les frais d'impression que j'ai cherché à restreindre le plus possible, auraient atteint un chiffre double, pour le moins.

Toutes ces considérations m'ont déterminé à ne faire qu'un petit volume, qui puisse se vendre un prix modique et qui, par cela même, soit susceptible d'être lu par beaucoup de monde, — ne serait-ce que par pure curiosité.

Je vais maintenant, et sans autre préambule, faire connaître en quoi consiste ma gamme aléatoire, qu'il serait trop prétentieux de ma part, de qualifier de système.

Je puis dire que j'y suis arrivé par mon expérience personnelle à la suite de patientes recherches et de minutieuses observations :

« Je commence par noter soigneusement, (*du signe ——— la passe du banquier ; de celui-ci 1, celle du ponte et de ce dernier 0, l'égalité*), les *trois, quatre, cinq, six* ou *sept* premiers coups de cartes ; j'en forme une *série* ou *figure*, que je souligne d'un trait horizontal, afin de la séparer distinctement des coups qui doivent suivre et former, à leur tour, une seconde *figure*, identique, comme nombre, à la précédente.

Voici d'abord l'exemple d'une *figure* de trois coups que je conseille d'adopter de préférence à une plus longue, parce qu'elle peut et doit donner de bons résultats dans certaines mains intermittentes. »

---

* On jouera celles de quatre, cinq, etc., en se conformant à ce qui est dit pour la figure de trois coups.

Admettons :

	Nº 1	Nº 2
1° Que le banquier « passe » des deux tableaux ; je noterai le coup comme ceci…		
2° Que l'on « passe » du 1ᵉʳ tableau et que l'on fasse « égalité » du second ; ce second coup sera noté ainsi……………………	1	0
3° Que l'on fasse « égalité » du 1ᵉʳ et que l'on « gagne » du 2ᵉ tableau ; ce dernier coup de la figure sera représenté par les signes.. puis je tire le trait que voici…………	0	1

Alors seulement je joue, soit du premier, soit du second tableau, en sens contraire de ce qui s'est produit précédemment ; c'est-à-dire que je fais une mise, **toujours la même**, sur chaque signe représentant « l'égalité » ou la passe du banquier, et que je m'abstiens sur celui qui indique la passe du ponte.

On peut jouer aussi sur les deux tableaux, en **chevauchant** ; je le recommanderais même au cas où l'on adopterait la série de quatre, cinq, six ou sept, mais à la condition expresse de n'avoir pas à se déranger. Pour obvier à cet inconvénient matériel, on devra tracer. à l'extrémité de chaque tableau et à côté du banquier, un cadre qui permette de jouer sur le tableau opposé.

Cette explication, quoique succincte, me paraît assez claire pour ne pas l'appuyer d'autres exemples.

Je ferai seulement remarquer que ce mode d'opérer m'a rapporté journellement deux mises de gain.

Ce modeste résultat n'est certes pas celui que l'on peut atteindre dans une grosse partie ou la banque, sans être illimitée, est représentée par un capital assez important pour que l'on soit payé à tout coup.

On peut, en effet, par une première combinaison qui consiste à faire un seul paroli sur le second coup de la période de gain correspondante du banquier, arriver à gagner une moyenne de deux et demie et même de trois mises par jour.

Exemples de périodes qui, seules, permettent d'appliquer cette combinaison :

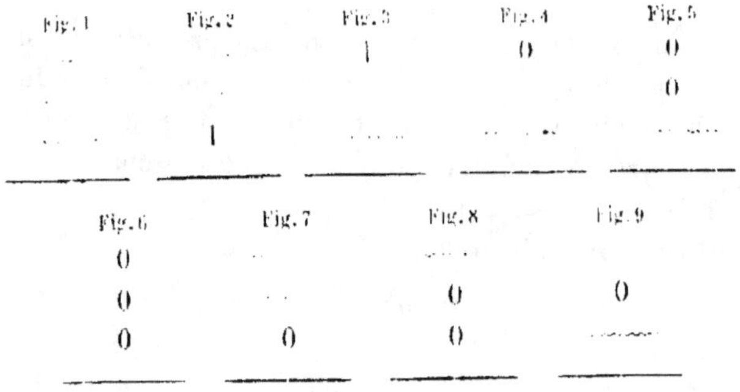

Fig. 1	Fig. 2	Fig. 3	Fig. 4	Fig. 5
		1	0	0
				0
	1			

Fig. 6	Fig. 7	Fig. 8	Fig. 9
0			
0		0	0
0	0	0	

Enfin une troisième combinaison qui consiste à faire une martingale ascendante sur cinq coups de gain correspondants du banquier, m'a donné, comme on le verra à la récapitulation, un bénéfice journalier de 7 mises du premier tableau et de 7 et ½ du second.

C'est, sans contredit, celle que l'on devra adopter de préférence quand on luttera contre une banque sérieuse et que l'on pourra, soi-même, disposer de 31 mises.

Exemples, entr'autres, qui permettent d'appliquer cette combinaison :

Fig. 1	Fig. 2	Fig. 3	Fig. 4	Fig. 5
		l		0
	]		0	l
			l	
			0	
				0
l			0	

etc.

Je ne terminerai pas cette courte introduction sans faire le récit d'un fait, qui prouve bien mieux que les chiffres, qu'il y a un grand avantage à ne jouer que d'après mon procédé. Il s'agit d'un fait curieux, mais authentique, arrivé il y a trois ans, à C.., dit Grovenar, — qui, paraît-il, porte au cou un morceau de corde de pendu en guise de scapulaire, — lequel fait peut être confirmé par trois personnes : 1° par X.. ; 2° par Grovenar lui-même, et, 3° par votre serviteur.

Le voici :

A... reçoit un jour Grovenar en visite et le conduit au Cercle, où, par hasard je me trouvais seul.

Je salue, et A... me présente Grovenar, d'abord comme son meilleur ami et ensuite, mais confidentiellement, comme un grand amateur de baccara.

Un incident ayant été soulevé la veille à la table de jeux, A..., croit devoir m'en parler pour entrer en conversation.

Nous causons un bon moment sur ce sujet, puis A... me demande où j'en suis de mon *traité* de baccara.

J'exhibe la récapitulation, et comme je finis mes explications, huit ou dix personnes font irruption dans le Cercle.

Je taille un bac ! — dit V .. qui était alors en veine.

Tout le monde se dirige vers la table de baccara, A... et Grovenar comme les autres, et la partie commence.

Mais à peine a-t-on donné quelques coups de cartes que l'on demande à parler à Monsieur A...

Celui-ci se lève et trouve dans le vestibule l'un de ses domestiques qui lui apprend que son père, bien portant une heure auparavant est maintenant à toute extrémité.

Rentrer, s'excuser auprès de son ami et se jeter dans une voiture n'est que l'affaire d'un instant.

Nous ne le suivrons pas : nous ne nous occuperons plus que de Grovenard, qui, en peu de temps, gagne un certain nombre de louis.

Or, il arrive que l'une des pièces tombe pendant qu'il encaisse, et que toutes les personnes présentes peuvent l'entendre rouler sur le parquet.

Le fait est signalé au garçon qui se met aussitôt, mais en vain, à la recherche de la fugitive :

« Laissez ! » — lui dit Grovenar, — « ce n'est pas la peine ; elle est pour vous. »

Le garçon qui est cité pour son obéissance ne le fait pas répéter.

Cependant, la fortune qui jusqu'alors lui souriait. l'abandonne ; et quelques heures après, enfiévré par une déveine persistante, il fait son va-tout.

« Huit ! » — dit-il au banquier en abattant les cartes.

« Neuf ! » — répond celui-ci en étalant son jeu.

Alors, en même temps qu'un poing retombe lourde-ment sur la table, un pardessus se détache du porte-manteau ; et un revolver qui se trouve dans l'une des poches, terrifie par une terrible détonation, les trois personnes encore assises autour de la table de baccara.

Grovenar n'est remis de son effroi qu'en entendant son louis, chassé par la balle, rouler sur le sol comme il l'avait fait quelques heures auparavant.

Il le saisit, et oubliant la promesse faite au garçon il le pose sur la table bien résolu à ne jouer que d'après mes indications. Et, comme il ne s'en écarte pas, il le double avant la fin de la partie. .   .   .   .

. . . .

Grovenar, qui depuis n'a pas changé de jeu, me félicite dans ses lettres de lui avoir dévoilé une gamme dont les trois notes produisent quotidiennement le bruit harmonieux d'un louis qui tombe dans sa caisse.

Sa dernière dépêche m'apprend qu'il vient de gagner le neuf cent soixante-et-unième louis !.. . . . . .

CARTES

Servant à noter les Coups.

Prix : 2 Francs le Cent.

FIGURE N° 1.

de 3 Coups.

Séance du ....

N° 1	N° 2	N° 1	N° 2	N° 1	N° 2	N° 1	N° 2	N° 1	N° 2	N° 1	N° 2

Modèle déposé.

Le Coup Sur au Baccara, par B. RATFIN.

Monsieur

à

Département d

Modèle déposé.

B. RATFIN.

FIGURE   N° 2.

de 4 Coups.
                   Séance du ___________________________

N° 1	N° 2	N° 1	N° 2	N° 1	N° 2	N° 1	N° 2	N° 1	N° 2	N° 1	N° 2

Modèle déposé.

Le Coup Sûr au Baccara, par B. RATFIN.

Monsieur

à

Département d

Modèle déposé.

B. RATFIN.

FIGURE   N° 3.
de 5 Coups.
Séance du

N° 1	N° 2	N° 1	N° 2	N° 1	N° 2	N° 1	N° 2	N° 1	N° 2

Modèle déposé.

Le Coup Sur au Baccara, par B. RATFIN.

Monsieur

à

Département d

Modèle déposé.

B. RATFIN.

FIGURE   N° 4.

de 6 Coups.

Séance du

N° 1	N° 2	N° 1	N° 2	N° 1	N° 2	N° 1	N° 2	N° 1	N° 2	N° 1	N° 2

Modèle déposé.

Le Coup Sûr au Baccara, par B. **Ratfin.**

Monsieur

d

Département d

Modèle déposé.

B. **RATFIN.**

FIGURE N° 5.

de 7 Coups.

Séance du ....

N° 1	N° 2	N° 1	N° 2	N° 1	N° 2	N° 1	N° 2	N° 1	N° 2

Modèle déposé.

Le Coup Sûr au Baccara, par B. RATFIN.

Monsieur

....

á ....

Département d ....

Modèle déposé.

B. RATFIN.

TABLEAUX CONSULTATIFS

RÉSUMÉ DES SÉANCES

du 1ᵉʳ au 20 mars inclus

SÉANCE DU 1er MARS — 1er TABLEAU

Colonne 1 — **FIGURE des coups de cartes** — 3 coups, nombre adopté.
Colonnes 2 à 7 — **RÉSULTAT OBTENU EN JOUANT** : une mise égale (GAIN, PERTE) ; avec paroli sur le second coup de la série de gain correspondante du banquier (GAIN, PERTE) ; une martingale ascendante sur 5 coups de gain correspondants du banquier (GAIN, PERTE).
Colonnes 8 et 9 — **NOMBRE DE COUPS passés** : par la BANQUE, par le PONTE.
Colonnes 10 et 11 — **DIFFÉRENCE en FAVEUR** (Col. 8 et 9) : de la BANQUE, du PONTE.

nombre adopté (1)	GAIN (2)	PERTE (3)	GAIN (4)	PERTE (5)	GAIN (6)	PERTE (7)	BANQUE (8)	PONTE (9)	BANQUE (10)	PONTE (11)
							1			
1								1		
1								1		
		1		1		1	1			
1								1		
							1			
1	1		1		2			1		
1	1		1		1			1		
1								1		
1								1		
0										
1								1		
		1		1		1	1			
1	1		1		2			1		
		1		2		1	1			
1		1		1		4	1			
0										
		1		1		8	1	1		
1	1		1		16			1		
1	1		1		1			1		
0										
1								1		
1	1		1		2		1	1		
1										
1										
1	1		1		2			1		
à reporter	7	7	7	9	25	18	13	20	»	»

SÉANCE DU 1ᵉʳ MARS — 1ᵉʳ TABLEAU (suite)

FIGURE des coups de cartes — 3 coups nombre adopté	RÉSULTAT OBTENU EN JOUANT UNE MISE ÉGALE		avec paroli sur le second coup de la série de gain correspondante du banquier		une MARTINGALE ascendante sur 5 coups de gain correspondants du banquier		NOMBRE DE COUPS passés par la BANQUE	par le PONTE	DIFFÉRENCE en FAVEUR (Col. 8 et 9) de la BANQUE	du PONTE
	GAIN	PERTE	GAIN	PERTE	GAIN	PERTE	BANQUE	PONTE	BANQUE	PONTE
1	2	3	4	5	6	7	8	9	10	11
Report.	7	7	7	9	25	18	13	20	»	»
1								1		
1							1			
0										
0										
1	1		1		1			1		
1	1	1	1		1			1		
1	1		2		1			1		
1								1		
							1			
1								1		
1								1		
1	1		1		1			1		
							1			
							1			
1								1		
0										
0										
1	1		1		1			1		
1	1		2		1			1		
1								1		
1							1			
							1			
0										
0		1		1		2	1			
1		1		1			1			
1	1	1	1		4	1		1		
1	1		2		1		1			
1		1				1	1			
1						2	1			
0										
		1		1		4	1			
		1		1		8	1			
Total.	15	13	18	15	26	36	26	37	»	11

NOTA. — On remarquera que les mains à séries sont celles qui donnent les plus minces résultats.

SÉANCE DU 1er MARS — 2me TABLEAU

FIGURE des coups de cartes — 3 coups nombre adopté	RÉSULTAT OBTENU EN JOUANT						NOMBRE DE COUPS passés		DIFFÉRENCE en FAVEUR (Col. 8 et 9)	
	UNE MISE ÉGALE		avec paroli sur le second coup de la série de gain correspondante du banquier		une MARTINGALE ascendante sur 5 coups de gain correspondants du banquier		par la BANQUE	par le PONTE	de la BANQUE	du PONTE
	GAIN	PERTE	GAIN	PERTE	GAIN	PERTE				
1	2	3	4	5	6	7	8	9	10	11
1								1		
1							1	1		
1	1		1		1		1	1		
1	1		1		1		1	1		
1	1		1		1			1		
1							1	1		
1								1		
0							1			
1	1		1		1		1	1		
1	1	1	2	1		1	1	1		
1								1		
0		1		1		2	1			
1	1		1		1		1	1		
1	1		2		1		1	1		
0							1			
0							1			
0								1		
1	1		1		1					
		1		1		2	1			
		1		1			1			
1	1		1		1			1		
1	1		2		1			1		
1	1		1		1			1		
à reporter	11	4	11	4	17	6	13	18	»	»

SÉANCE DU 1er MARS   2me TABLEAU (suite)

FIGURE des coups de cartes ... 3 coups nombre adopté	RÉSULTAT OBTENU EN JOUANT						NOMBRE DE COUPS passés		DIFFÉRENCE en FAVEUR (Col. 8 et 9)	
	UNE MISE ÉGALE		avec paroli sur le second coup de la série de gain correspondante du banquier		une MARTINGALE ascendante sur 5 coups de gain correspondants du banquier		par la	par le	de la	du
	GAIN	PERTE	GAIN	PERTE	GAIN	PERTE	BANQUE	PONTE	BANQUE	PONTE
1	2	3	4	5	6	7	8	9	10	11
Report.	11	4	14	4	17	6	13	18	»	»
0							1			
1								1		
1	1		1		1			1		
1		1		2		1	1	1		
0							1			
							1			
1	1		1		2			1		
1		1		2		1	1	1		
1		1		1		1	1			
0								1		
1	1		1		2			1		
1		1		2		1	1			
0								1		
1		1		1		2	1			
1		1		1		1	1			
1	1		1		8			1		
1	1		1		1		1	1		
1		1		2		1	1			
0								1		
1	1		1		2		1	1		
1	1		2		1			1		
1				1		1	1			
Total	21	12	25	16	39	18	27	34	»	7

SÉANCE DU 2 MARS — 1er TABLEAU

FIGURE des coups de cartes — 3 coups nombre adopté	RÉSULTAT OBTENU EN JOUANT						NOMBRE DE COUPS passés		DIFFÉRENCE en FAVEUR (Col. 8 et 9)	
	UNE MISE ÉGALE		avec paroli sur le second coup de la série de gain correspondante du banquier		une MARTINGALE ascendante sur 5 coups de gain correspondants du banquier		par la	par le	de la	du
	GAIN	PERTE	GAIN	PERTE	GAIN	PERTE	BANQUE	PONTE	BANQUE	PONTE
1	2	3	4	5	6	7	8	9	10	11
1								1		
1							1			
							1			
0										
1								1		
1	1		1		1			1		
		1		2		1	1			
1							1			
1	1		1		2			1		
		1		2		1	1			
1								1		
0										
		1		1		2	1			
							1			
		1		1		4	1			
1	1		1		8			1		
1	1		1		1			1		
1			2					1		
1							1			
1							1			
1	1		1		1			1		
1	1		1		1			1		
1								1		
		1		1		1	1			
							1			
		1		1		2	1			
1	1		1		4			1		
1	1		1		1			1		
1	1		2		1			1		
							1			
à reporter	10	6	12	8	21	11	16	18	»	»

SÉANCE DU 2 MARS — 1ᵉʳ TABLEAU (suite)

FIGURE d s coups de cartes 3 coups nombre adopté	RÉSULTAT OBTENU EN JOUANT						NOMBRE DE COUPS passés		DIFFÉRENCE en FAVEUR (Col. 8 et 9)	
	UNE MISE ÉGALE		avec paroli sur le second coup de la série de gain correspondante du banquier		une MARTINGALE ascendante sur 5 coups de gain correspondants du banquier		par la	par le	de la	du
	GAIN	PERTE	GAIN	PERTE	GAIN	PERTE	BANQUE	PONTE	BANQUE	PONTE
1	2	3	4	5	6	7	8	9	10	11
Report.	10	6	12	8	21	11	16	18	»	»
1								1		
1	1		1		1		1	1		
0 1 1	1		1		1			1 1		
— 0							1 1			
— 0		1	1	1	2	1	1	1		
1 1 1	1 1		1 2		1 1		1	1 1		
— 1			1		1		1	1		
1			1		1		1	1		
1 1	1		1	1	1	1		1		
— 1		1		1	2		1	1		
1 1	1		1		1		1	1		
— 0		1	1	1	1	2	1	1		
1 1	1		2		4 1		1	1		
1	1		1		1		1	1		
1							1	1		
Total.	22	10	2	12	38	16	30	36	»	6

SÉANCE DU 2 MARS — 2me TABLEAU

FIGURE des coups de cartes — 3 coups nombre adopté	RÉSULTAT OBTENU EN JOUANT: une mise égale		une mise égale avec paroli sur le second coup de la série de gain correspondante du banquier		une martingale ascendante sur 5 coups de gain correspondants du banquier		NOMBRE DE COUPS passés		DIFFÉRENCE en FAVEUR (Col. 8 et 9)	
	GAIN	PERTE	GAIN	PERTE	GAIN	PERTE	par la BANQUE	par le PONTE	de la BANQUE	du PONTE
1	2	3	4	5	6	7	8	9	10	11
1								1		
0										
							1			
							1			
1	1		1		1			1		
1	1		2		1			1		
		1		1		1	1			
1								1		
1								1		
1	1		1		2			1		
							1			
1								1		
							1			
1	1		1		1			1		
							1			
		1		1		1	1			
							1			
1	1		1		2			1		
		1		1		1	1			
1	1		1		2			1		
0										
0										
1								1		
1	1		1		1			1		
		1		1		1	1			
1								1		
1								1		
1	1		1		2			1		
							1			
							1			
1								1		
1	1		1		1			1		
0										
0										
							1			
		1		1		1	1			
à reporter	9	5	10	5	13	5	14	17	»	»

SÉANCE DU 2 MARS — 2me TABLEAU (suite)

FIGURE des coups de cartes — 3 coups nombre adopté	RÉSULTAT OBTENU EN JOUANT UNE MISE ÉGALE GAIN	PERTE	avec paroli sur le second coup de la série de gain correspondante du banquier GAIN	PERTE	une MARTINGALE ascendante sur 5 coups de gain correspondants du banquier GAIN	PERTE	NOMBRE DE COUPS passés par la BANQUE	par le PONTE	DIFFÉRENCE en faveur (Col. 8 et 9) de la BANQUE	du PONTE
1	2	3	4	5	6	7	8	9	10	11
Report.	9	5	10	5	13	5	14	17	»	»
0		1		1		2	1			
1	1		1		4			1		
		1		1		1	1			
		1		1		2	1			
							1			
1	1		1		4	1	1	1		
1	1		2		1		1			
		1		1		1	1			
							1			
0		1		1		2	1	1		
1	1		1		4	1	1	1		
1	1		1		1	2	1	1		
		1		1			1			
1			1			2	1	1		
		1		1		4	1			
1	1		1		8		1	1		
		1		2		1	1			
		1		1		2	1			
0		1		1		4	1			
1	1		1		8			1		
1	1		2		1	1		1		
1	1					1	1	1		
							1			
1							1	1		
1	1		1		1	1		1		
Total.	20	18	24	19	50	30	34	30	4	»

SÉANCE DU 3 MARS — 1ᵉʳ TABLEAU

| FIGURE des coups de cartes — 3 coups nombre adopté | RÉSULTAT OBTENU EN JOUANT | | | | | | NOMBRE DE COUPS passés | | DIFFÉRENCE en FAVEUR (Col. 8 et 9) | |
| | UNE MISE ÉGALE | | avec paroli sur le second coup de la série de gain correspondante du banquier | | une MARTINGALE ascendante sur 5 coups de gain correspondants du banquier | | par la BANQUE | par le PONTE | de la BANQUE | du PONTE |
1	GAIN 2	PERTE 3	GAIN 4	PERTE 5	GAIN 6	PERTE 7	8	9	10	11
							1			
							1			
1	1		1		1		1	1		
		1		2		2	1			
				1			1			
1	1		1		4			1		
1	1		2		1		1			
		1		1		1		1		
1						2	1	1		
1	1		1		4			1		
		1		1		1	1	1		
1	1		1		2	1	1	1		
	1		2			1	1	1		
0	1		1		2		1	1		
1	1		2		1		1	1		
1	1		1		1		1	1		
				2		1	1	1		
1	1	1	1		2	2	1	1		
		1	2		1	1	1			
	1	1	1		2	2				
		1		1		4				
		1		1		8		1		
1	1		1		16	1		1		
1	1		2		1			1		
à reporter	11	10	14	13	31	23	21	14	»	»

SÉANCE DU 3 MARS — 1ᵉʳ TABLEAU (suite)

FIGURE des coups de cartes — 3 coups nombre adopté	RÉSULTAT OBTENU EN JOUANT						NOMBRE DE COUPS passés		DIFFÉRENCE en FAVEUR (Col. 8 et 9)	
	UNE MISE ÉGALE		avec paroli sur le second coup de la série de gain correspondante du banquier		une MARTINGALE ascendante sur 5 coups de gain correspondants du banquier		par la BANQUE	par le PONTE	de la BANQUE	du PONTE
adopté	GAIN	PERTE	GAIN	PERTE	GAIN	PERTE	BANQUE	PONTE	BANQUE	PONTE
1	2	3	4	5	6	7	8	9	10	11
Report.	11	10	14	13	34	23	21	14	»	»
1	1		1		1			1		
1								1		
1								1		
1								1		
1								1		
1								1		
							1			
1	1		1		1			1		
0							1			
1		1		1		1	1			
		1		1		2	1			
1	1		1		4			1		
0			1		1			1		
1	1		1		1		1	1		
		1		1		1	1			
1	1		1		2		1	1		
		1		2		1	1	1		
1	1		1		2			1		
0		1		1		1	1			
1	1		2		2			1		
1	1		1		1			1		
		1		1		1	1			
							1			
		1		1		2	1			
0	1		1		4		1			
Total.	19	18	23	22	48	36	38	29	9	»

SÉANCE DU 3 MARS — 2me TABLEAU

FIGURE des coups de cartes — 3 coups nombre adopté	RÉSULTAT OBTENU EN JOUANT						NOMBRE DE COUPS passés		DIFFÉRENCE en FAVEUR (Col. 8 et 9)	
	UNE MISE ÉGALE		avec paroli sur le second coup de la série de gain correspondante du banquier		une MARTINGALE ascendante sur 5 coups de gain correspondants du banquier		par la BANQUE	par le PONTE	de la BANQUE	du PONTE
	GAIN	PERTE	GAIN	PERTE	GAIN	PERTE				
1	2	3	4	5	6	7	8	9	10	11
							1			
							1			
							1			
							1			
1			1	1	2	1		1		
0	1		1		1			1		
1	1		1		1			1		
1	1		1					1		
1							1	1		
1							1	1		
1			1	1		1	1	1		
1	1		1		2		1	1		
1	1		1		1		1	1		
1	1		1		1		1	1		
0		1		1		1	1			
		1		1		2	1			
0								1		
0										
1	1		1		1	1	1			
1	1	1	1	1	2		1	1		
1	1		1		1		1	1		
		1		1		1	1			
							1			
0		1		1		2	1			
à reporter	9	7	9	7	15	9	18	20	»	»

SÉANCE DU 3 MARS — 2ᵐᵉ TABLEAU (suite)

FIGURE des coups de cartes — 3 coups nombre adopté	RÉSULTAT OBTENU EN JOUANT						NOMBRE DE COUPS passés		DIFFÉRENCE en FAVEUR (Col. 8 et 9)	
	UNE MISE ÉGALE		avec paroli sur le second coup de la série de gain correspondante du banquier		une MARTINGALE ascendante sur 5 coups de gain correspondants du banquier					
	GAIN	PERTE	GAIN	PERTE	GAIN	PERTE	par la BANQUE	par le PONTE	de la BANQUE	du PONTE
1	2	3	4	5	6	7	8	9	10	11
Report.	9	7	9	7	15	9	18	13	»	»
		1		1		1	1			
1	1				8			1		
1	1		2		1			1		
1	1		1		1			1		
1								1		
1							1			
1								1		
0								1		
1							1			
0		1		1		1	1			
							1			
		1		1		2	1			
1	1		1		4			1		
1	1		2		1			1		
1	1		1		1			1		
1							1			
							1			
		1		1		2	1			
		1		1		1	1			
1	1		1		8			1		
1	1		2		1			1		
1	1		1		1			1		
							1			
1	1		1		1			1		
1	1		2		1			1		
Total.	20	11	24	14	13	24	31	31	3	»

SÉANCE DU 4 MARS — 1ᵉʳ TABLEAU

FIGURE des coups de cartes — 3 coups nombre adopté	RÉSULTAT OBTENU EN JOUANT						NOMBRE DE COUPS passés		DIFFÉRENCE en FAVEUR (Col. 8 et 9)	
	UNE MISE ÉGALE		avec paroli sur le second coup de la série de gain correspondante du banquier		une MARTINGALE ascendante sur 5 coups de gain correspondants du banquier		par la	par le	de la	du
	GAIN	PERTE	GAIN	PERTE	GAIN	PERTE	BANQUE	PONTE	BANQUE	PONTE
1	2	3	4	5	6	7	8	9	10	11
							1			
							1			
							1			
		1		1		1	1			
0										
0										
0		1		1		2	1			
1	1		1		4			1		
1	1		1		1			1		
0							1			
							1			
							1	1		
		1		1		1	1	1		
1	1		1		4	2	1	1		
1	1		2		1		1			
0										
							1			
		1		1		1	1			
1	1		1	2	2			1		
1	1		1		1	1	1	1		
1	1		1		1		1			
0							1			
		1		1		1	1			
1	1		2		1		1	1		
1		1				1	1	1		
0							1			
		1		1		2	1			
0										
1	1		1		4			1		
À reporter	10	8	12	9	21	11	18	10	»	»

SÉANCE DU 4 MARS — 1er TABLEAU (suite)

Header structure (column numbers in parentheses):

- **FIGURE des coups de cartes — 3 coups, nombre adopté** (1)
- **RÉSULTAT OBTENU EN JOUANT**
  - *UNE MISE ÉGALE* : GAIN (2), PERTE (3)
  - *avec paroli sur le second coup de la série de gain correspondante du banquier* : GAIN (4), PERTE (5)
  - *une MARTINGALE ascendante sur 5 coups de gain correspondants du banquier* : GAIN (6), PERTE (7)
- **NOMBRE DE COUPS passés** : par la BANQUE (8), par le PONTE (9)
- **DIFFÉRENCE en FAVEUR (Col. 8 et 9)** : de la BANQUE (10), du PONTE (11)

1	2 GAIN	3 PERTE	4 GAIN	5 PERTE	6 GAIN	7 PERTE	8 BANQUE	9 PONTE	10 BANQUE	11 PONTE
Report. 1	10 1	8 1	12 1	9 1	21 1	11 1	18 1	10 1	»	»
1 1	1		1 2		2 1		1 1	1 1 1		
0							1 1	1		
1 1	1	1	1 2	1	1 1	1	1	1		
0		1		1		2	1 1			
1	1	1 1	1	2 1	4	1 2	1 1			
1 1	1 1		1 2		4 1	2	1 1	1 1		
1		1				1	1 1	1		
1		1 1			16	2 4 8	1 1	1		
1 1 1	1		1	1	2 1	1	1 1	1 1 1		
1							1	1		
Total.	21	18	26	21	55	34	37	25	12	»

SÉANCE DU 4 MARS — 2ᵐᵉ TABLEAU

Column groups: **RÉSULTAT OBTENU EN JOUANT** covers columns 2–7 — *UNE MISE ÉGALE* (2 GAIN, 3 PERTE); *avec paroli sur le second coup de la série de gain correspondante du banquier* (4 GAIN, 5 PERTE); *une MARTINGALE ascendante sur 5 coups de gain correspondants du banquier* (6 GAIN, 7 PERTE). **NOMBRE DE COUPS passés** covers 8 (par la BANQUE) and 9 (par le PONTE). **DIFFÉRENCE en FAVEUR (Col. 8 et 9)** covers 10 (de la BANQUE) and 11 (du PONTE).

FIGURE des coups de cartes — 3 coups nombre adopté	GAIN	PERTE	GAIN	PERTE	GAIN	PERTE	par la BANQUE	par le PONTE	de la BANQUE	du PONTE
1	2	3	4	5	6	7	8	9	10	11
1							1			
1								1		
1	1		1		1			1		
0										
							1			
		1		1		1	1			
0							1			
		1		1		2	1			
		1		1		8	1			
		1		1		16	1			
		1		1		1	1			
		1		1		2	1			
1	1		1		4			1		
1	1		2		1			1		
		1		1		1	1			
0							1			
1	1		1		2			1		
		1		1		2	1			
1	1		1		2			1		
1	1		1		2			1		
1	1		1		1			1		
		1		1		1	1			
1		1		1		1		1		
1						1		1		
1		1		1		1				
0										
à reporter	8	12	9	13	15	30	19	13	»	»

SÉANCE DU 4 MARS — 2ᵐᵉ TABLEAU (suite)

FIGURE des coups de cartes — 3 coups nombre adopté	RÉSULTAT OBTENU EN JOUANT						NOMBRE DE COUPS passés		DIFFÉRENCE en faveur (Col. 8 et 9)	
	UNE MISE ÉGALE		avec paroli sur le second coup de la série de gain correspondante du banquier		une MARTINGALE ascendante sur 5 coups de gain correspondants du banquier		par la BANQUE	par le PONTE	de la BANQUE	du PONTE
	GAIN	PERTE	GAIN	PERTE	GAIN	PERTE				
1	2	3	4	5	6	7	8	9	10	11
Report.	8	12	9	13	15	39	19	13	»	»
		1		1		2	1			
							1			
		1		1		4	1			
		1		1		8	1			
0 / 1	1		1		16			1		
		1		1			1			
		1				1	1	1		
						2	1			
								1		
								1		
1 / 1	1	1	1		4	1	1			
	1	1	2	1	1			1		
		1				1	1	1		
0 / 1					2		1			
	1		1		2			1		
	1		1	1		1	1	1		
1 / 1		1	1		2		1			
1 / 0 / 0	1		1	2	2		1	1		
1							1			
1	1	1	1		2		1	1		
1 / 1 / 1 / 1		1	1		1			1		
	1		1	1	2		1	1		
	1				1			1		
1		1		1		1	1	1		
0		1		1		1	1			
Total.	16	22	18	23	45	61	36	27	9	»

SÉANCE DU 5 MARS — 1ᵉʳ TABLEAU

FIGURE des coups de cartes — 3 coups nombre adopté	RÉSULTAT OBTENU EN JOUANT						NOMBRE DE COUPS passés		DIFFÉRENCE en FAVEUR (Col. 8 et 9)	
	UNE MISE ÉGALE		avec paroli sur le second coup de la série de gain correspondante du banquier		une MARTINGALE ascendante sur 5 coups de gain correspondants du banquier		par la	par le	de la	du
	GAIN	PERTE	GAIN	PERTE	GAIN	PERTE	BANQUE	PONTE	BANQUE	PONTE
1	2	3	4	5	6	7	8	9	10	11
0								1		
1							1			
1	1		1		1			1		
1								1		
0							1			
							1			
		1		1		1	1			
		1		1		2	1			
		1			8	4		1		
1	1		1		1			1		
1	1			2	1	1	1			
1		1	2			1		1		
1					2			1		
1	1		1				1			
		1		1	1		1			
		1		1		1	1			
		1		1		2	1			
1	1		1	2	4		1			
1	1		2		1		1			
		1	1			1	1			
0								1		
0								1		
		1		1		1	1			
		1		1		2	1			
		1		1		4		1		
1	1		2		8			1		
1	1		1		1			1		
à reporter	10	10	12	11	28	19	17	15	»	»

SÉANCE DU 5 MARS - 1ᵉʳ TABLEAU (suite)

FIGURE des coups de cartes — 3 coups nombre adopté	RÉSULTAT OBTENU EN JOUANT						NOMBRE DE COUPS passés		DIFFÉRENCE en FAVEUR (Col. 8 et 9)	
	UNE MISE ÉGALE		avec paroli sur le second coup de la série de gain correspondante du banquier		une MARTINGALE ascendante sur 5 coups de gain correspondants du banquier		par la	par le	de la	du
	GAIN	PERTE	GAIN	PERTE	GAIN	PERTE	BANQUE	PONTE	BANQUE	PONTE
1	2	3	4	5	6	7	8	9	10	11
Report.	10	10	12	11	28	19	17	15	»	»
1							1	1		
							1			
1	1		1		1		1	1		
1	1		1		1		1	1		
		1		1		1	1			
							1			
1	1		2		2		1	1		
1	1				1			1		
0										
				1		1	1			
		1		1		2	1			
		1		1		4	1			
		1		1		8	1			
		1		1		16	1			
						1				
1	1		1		2			1		
0										
1	1		1		1			1		
0										
1	1		1		1			1		
		1		1		1	1			
							1			
							1			
1	1		1		2			1		
1	1		2		1			1		
1	1		1		1		1	1		
							1			
1								1		
0										
		1		1		1	1			
Total.	20	19	24	20	41	54	37	27	10	»

SÉANCE DU 5 MARS — 2ᵐᵈ TABLEAU

FIGURE des coups de cartes — 3 coups nombre adopté	RÉSULTAT OBTENU EN JOUANT						NOMBRE DE COUPS passés		DIFFÉRENCE en FAVEUR (Col. 8 et 9)	
	UNE MISE ÉGALE		avec paroli sur le second coup de la série de gain correspondante du banquier		une MARTINGALE ascendante sur 5 coups de gain correspondants du banquier		par la BANQUE	par le PONTE	de la BANQUE	du PONTE
	GAIN	PERTE	GAIN	PERTE	GAIN	PERTE				
1	2	3	4	5	6	7	8	9	10	11
							1			
1							1	1		
1	1		1		1			1		
1	1		2		1			1		
0										
							1			
							1			
		1		1		1	1			
		1		1		2	1			
		1		1		4	1			
1	1		1		8			1		
		1		1		1	1			
1	1		1		2			1		
0										
1	1		1		1			1		
1	1		1		1		1			
0										
1	1		1		1			1		
							1			
		1		1		1	1			
0										
		1		1		2	1			
1	1		1		1			1		
1	1		2		1			1		
0										
							1			
1	1		1		1			1		
0										
							1			
0										
1	1		1		1			1		
		1		2		1	1			
		1		1		2	1			
à reporter	11	8	13	9	22	14	16	13	»	»

SÉANCE DU 5 MARS — 2ᵐᵉ TABLEAU (suite)

FIGURE des coups de cartes — 3 coups nombre adopté	RÉSULTAT OBTENU EN JOUANT						NOMBRE DE COUPS passés		DIFFÉRENCE en FAVEUR (Col. 8 et 9)	
	UNE MISE ÉGALE		avec paroli sur le second coup de la série de gain correspondante du banquier		une MARTINGALE ascendante sur 5 coups de gain correspondants du banquier		par la BANQUE	par le PONTE	de la BANQUE	du PONTE
	GAIN	PERTE	GAIN	PERTE	GAIN	PERTE				
1	2	3	4	5	6	7	8	9	10	11
Report.	11	8	13	9	22	14	16	13	»	»
0										
1	1		1		4			1		
1	1		2		1			1		
		1		1		1	1			
							1	1		
1								1		
		1		1		2	1			
1	1		1		4			1		
1								1		
1	1		1		1			1		
0							1			
							1			
		1		1		1	1			
1	1		1		2			1		
0										
			1	1		1	1			
1	1		2		2			1		
1	1				1			1		
			1	1		1	1			
1							1	1		
			1	1		2	1			
			1	1		1	1			
			1	1		8	1			
			1	1		16	1			
1	1		1		1			1		
1	1		2		1			1		
1	1		1		1			1		
0							1			
0										
1	1		1		1			1		
1			2		1			1		
Total.	23	17	29	18	42	50	32	28	4	»

SÉANCE DU 6 MARS — 1ᵉʳ TABLEAU

FIGURE des coups de cartes — 3 coups nombre adopté	RÉSULTAT OBTENU EN JOUANT — UNE MISE ÉGALE — GAIN	PERTE	avec paroli sur le second coup de la série de gain correspondante du banquier — GAIN	PERTE	une MARTINGALE ascendante sur 5 coups de gain correspondants du banquier — GAIN	PERTE	NOMBRE DE COUPS passés — par la BANQUE	par le PONTE	DIFFÉRENCE en faveur (Col. 8 et 9) — de la BANQUE	du PONTE
1	2	3	4	5	6	7	8	9	10	11
							1			
							1	1		
1							1	1		
1	1	1	1		1		1			
		1		2		1	1			
								1		
1	1		1		2			1		
1		1		2		1	1			
0								1		
1			1		2			1		
1	1		1			1	1			
1	1						1	1		
		1		1		1	1			
		1		1		2	1			
		1		1		4	1			
		1		1		8	1			
		1		1		16	1			
1	1		1		1			1		
1	1		2		1			1		
1	1		1		1		1			
1								1		
0										
1	1		1		1			1		
0										
1	1		1		1		1			
1		1		1		1	1	1		
							1			
0								1		
à reporter	9	8	10	10	11	34	16	16	»	»

SÉANCE DU 6 MARS — 1ᵉʳ TABLEAU (suite)

| FIGURE des coups de cartes — 3 coups nombre adopté | RÉSULTAT OBTENU EN JOUANT | | | | | | NOMBRE DE COUPS passés | | DIFFÉRENCE en FAVEUR (Col. 8 et 9) | |
| | UNE MISE ÉGALE | | avec paroli sur le second coup de la série de gain correspondante du banquier | | une MARTINGALE ascendante sur 5 coups de gain correspondants du banquier | | par la BANQUE | par le PONTE | de la BANQUE | de la PONTE |
1	GAIN 2	PERTE 3	GAIN 4	PERTE 5	GAIN 6	PERTE 7	8	9	10	11
Report.	9	8	10	10	11	34	16	16	»	»
0								1		
1	1		1		2			1		
1	1		1		1		1	1		
							1			
1		1	1			1	1	1		
1	1		1		2		1			
1	1		1		1		1			
1	1		1		1			1		
0							1			
0							1			
		1		1		1	1			
		1				2	1			
1	1		1		4			1		
1	1		2		1			1		
1	1		1		1					
							1			
							1			
0								1		
1	1		1		1			1		
1	1		2		1			1		
1	1		1		1			1		
1							1			
							1			
							1			
		1		1		1	1			
0							1			
1	1		1		2			1		
1	1		2		1		1			
		1		1		1	1			
Total.	22	13	26	15	30	40	31	32	»	1

SÉANCE DU 6 MARS — 2ᵐᵉ TABLEAU

FIGURE des coups de cartes — 3 coups nombre adopté	RÉSULTAT OBTENU EN JOUANT						NOMBRE DE COUPS passés		DIFFÉRENCE en FAVEUR (Col. 8 et 9)	
	UNE MISE ÉGALE		avec paroli sur le second coup de la série de gain correspondante du banquier		une MARTINGALE ascendante sur 5 coups de gain correspondants du banquier		par la	par le	de la	du
	GAIN	PERTE	GAIN	PERTE	GAIN	PERTE	BANQUE	PONTE	BANQUE	PONTE
1	2	3	4	5	6	7	8	9	10	11
1								1		
1								1		
1								1		
1							1	1		
1							1			
1		1		1		1	1	1		
0		1		1		2	1	1		
1	1		1		4			1		
1	1		2		1					
0							1	1		
								1		
1							1			
1	1		1		1			1		
1	1		2		1			1		
1		1		1		1	1	1		
1	1		1		2			1		
							1			
0										
0							1			
	1		1	1	1	2	1	1		
					4			1		
1	1		2		1			1		
1	1		1		1		1	1		
1	1	1		1	1	1	1	1		
1	1		2		1					
1					1					
							1			
1							1			
à reporter	9	5	12	5	16	7	14	18	»	»

SÉANCE DU 6 MARS — 2ᵐᵉ TABLEAU (suite)

FIGURE des coups de cartes — 3 coups nombre adopté	RÉSULTAT OBTENU EN JOUANT						NOMBRE DE COUPS passés		DIFFÉRENCE en FAVEUR (Col. 8 et 9)	
	UNE MISE ÉGALE		avec paroli sur le second coup de la série de gain correspondante du banquier		une MARTINGALE ascendante sur 5 coups de gain correspondants du banquier		par la BANQUE	par le PONTE	de la BANQUE	du PONTE
1	GAIN 2	PERTE 3	GAIN 4	PERTE 5	GAIN 6	PERTE 7	8	9	10	11
Report. 0	9	5	12	5	16	7	14	18	»	»
0				1		1	1			
1	1	1	1		2			1		
1	1		1		1			1		
1	1		2		1			1		
0							1			
							1			
1	1		2	1	1	1		1		
1	1	1	1	1		1	1	1		
							1			
		1	1	1		2	1			
1	1		1	2	4	1	1	1		
1	1		1		2		1	1		
1	1		1		1		1			
0										
0								1		
1	1		1	1	1	2	1			
1		1		1		2	1			
1	1	1	1	1	4	1	1	1		
				1		2	1			
0										
1	1		1		4			1		
1	1		2		1			1		
Total.	22	13	29	14	40	18	31	32	»	1

SÉANCE DU 7 MARS — 1ᵉʳ TABLEAU

| FIGURE des coups de cartes — & coups nombre adopté | RÉSULTAT OBTENU EN JOUANT | | | | | | NOMBRE DE COUPS passés | | DIFFÉRENCE en FAVEUR (Col. 8 et 9) | |
| | UNE MISE ÉGALE | | avec paroli sur le second coup de la série de gain correspondante du banquier | | une MARTINGALE ascendante sur 5 coups de gain correspondants du banquier | | par la BANQUE | par le PONTE | de la BANQUE | du PONTE |
1	GAIN 2	PERTE 3	GAIN 4	PERTE 5	GAIN 6	PERTE 7	8	9	10	11
1								1		
1							1			
1								1		
1	1		1		1		1	1		
		1		1		1	1			
							1			
1	1		1		2		1	i		
		1		2		1	1			
		1		1		2	1	1		
1		1		1		1	1	1		
1	1		1		8	1		1		
1	1	1	1		2			1		
1	1		1		1			1		
1		1		1		1		1		
							1			
1	1		1		2			1		
1	1	1		2	1	1	1	1		
1		1						1		
1	1		1		2			1		
1								1		
1								1		
1							1			
							1			
à reporter	8	7	8	9	19	11	18	18	»	»

SÉANCE DU 7 MARS — 1er TABLEAU (suite)

FIGURE des coups de cartes — 3 coups nombre adopté	RESULTAT OBTENU EN JOUANT						NOMBRE DE COUPS passés		DIFFÉRENCE en FAVEUR (Col. 8 et 9)	
	UNE MISE ÉGALE		avec paroli sur le second coup de la série de gain correspondante du banquier		une MARTINGALE ascendante sur 5 coups de gain correspondants du banquier					
	GAIN	PERTE	GAIN	PERTE	GAIN	PERTE	par la BANQUE	par le PONTE	de la BANQUE	du PONTE
1	2	3	4	5	6	7	8	9	10	11
Report.	8	7	8	9	19	11	18	18	»	»
		1		1		1	1			
		1		1		2	1			
		1		1		1	1			
1	1		1		8		1	1		
1	1		2	1	1	1	1	1		
		1					1			
		1	1	1		2	1	1		
		1	1	1		1	1	1		
1	1		2		8			1		
1	1		1		1			1		
1	1							1		
1							1	1		
							1	1		
1							1	1		
		1		1		2	1	1		
		1		1		1	1	1		
0								1		
1	1		1	2	8	1		1		
1	1		1	2	2					
1	1		1		1	1		1		
1				1		1	1	1		
		1					1	1		
1							1	1		
		1		1		2	1			
1		1		1		4		1		
Total.	16	20	18	23	49	49	38	38	5	»

SÉANCE DU 7 MARS — 2ᵐᵉ TABLEAU

FIGURE des coups de cartes — 5 coups nombre adopté	RÉSULTAT OBTENU EN JOUANT						NOMBRE DE COUPS passés		DIFFÉRENCE en FAVEUR (Col. 8 et 9)	
	UNE MISE ÉGALE		avec paroli sur le second coup de la série de gain correspondante du banquier		une MARTINGALE ascendante sur 5 coups de gain correspondants du banquier		par la BANQUE	par le PONTE	de la BANQUE	du PONTE
	GAIN	PERTE	GAIN	PERTE	GAIN	PERTE				
1	2	3	4	5	6	7	8	9	10	11
0							1			
1								1		
		1		1		1	1			
1	1		1		2			1		
1								1		
		1		1		1	1			
							1			
1							1			
	1		1		2			i		
		1		2		1	1			
		1		1		2	1			
1							1			
1	1		1		4			1		
		1		2		1	1			
		1		1		2	1			
		1		1		4	1			
		1		1		8	1			
1	1		1		16			1		
		1		2		1	1			
		1		1		2	1			
1	1		1		4			1		
1	1		1		1		1			
1		1		2		1		1		
1	1		1		2			1		
1								1		
1								1		
							1			
							1			
1								1		
		1		1		1	1			
à reporter	7	12	7	16	31	25	20	15	»	»

SÉANCE DU 7 MARS — 2ᵉ TABLEAU (suite)

	BULLETIN CHIRURGICAL EN JOURNÉE					NOMBRE DE COUPES		DIFFÉRENCE en FAVEUR (Col. 8 et 9)	
	GAIN	PERTE			GAIN	PERTE		de la GAUCHE	de la DROITE
1	2	3						10	11
Rep.	7	12	7	16	[illegible]	2	20	15	[illegible]	[illegible]
		1		1		2	1	1		
		1		1		[illegible]	1			
	1		1		3		1	1		
		1		1		1	1			
							1			
		1		1		1	1			
	1		1		2			1		
	1		1			1				
							1			
								1		
		1		1		1	1	1		
	1		1		2		1	1		
			1		1			1		
	1		1		1	2	1	1		
9							1			
		1		1		1	1			
		1		1		1	1			
		1		1		[illegible]	1			
						16				
Total	12	25	12	23	18	63	19	30	9	5

SÉANCE DU 8 MARS — 1er TABLEAU

FIGURE des coups de cartes — 3 coups nombre adopté	RÉSULTAT OBTENU EN JOUANT						NOMBRE DE COUPS passés		DIFFÉRENCE en FAVEUR (Col. 8 et 9)	
	UNE MISE ÉGALE		avec paroli sur le second coup de la série de gain correspondante du banquier		une MARTINGALE ascendante sur 5 coups de gain correspondants du banquier		par la BANQUE	par le PONTE	de la BANQUE	du PONTE
1	GAIN 2	PERTE 3	GAIN 4	PERTE 5	GAIN 6	PERTE 7	8	9	10	11
1								1		
1							1	1		
		1		1		1	1			
1							1	1		
0										
0								1		
1										
0	1		1		2		1	1		
1		1		1		1	1			
		1		1		2	1			
1	1		1		1		1	1		
1	1		2		1		1	1		
		1		1		1	1			
		1		1		2	1			
1	1		1		1			1		
1	1		2		1			1		
0										
0							1			
1	1		1		1			1		
1	1		1		1			1		
		1		2		1	1			
1	1		1		2		1	1		
1		1		2		1				
1							1	1		
1	1		1		2			1		
Reporté	9	7	11	9	18	9	16	15	»	»

SÉANCE DU 8 MARS - 1er TABLEAU (suite)

FIGURE des coups de cartes — 3 coups nombre adopté	RÉSULTAT OBTENU EN JOUANT						NOMBRE DE COUPS passés		DIFFÉRENCE en FAVEUR (Col. 8 et 9)	
	UNE MISE ÉGALE		avec paroli sur le second coup de la série de gain correspondante du banquier		une MARTINGALE ascendante sur 5 coups de gain correspondants du banquier		par la	par le	do la	du
	GAIN	PERTE	GAIN	PERTE	GAIN	PERTE	BANQUE	PONTE	BANQUE	PONTE
1	2	3	4	5	6	7	8	9	10	11
Report.	9	7	11	9	18	9	16	15	»	»
							1			
		1		1		1	1			
							1			
1	1		1		2			1		
1	1		2		1			1		
1	1		1		1			1		
1								1		
0							1			
0								1		
1	1		1		1		1			
		1		2		1	1			
1	1				2		1			
1	1		1		1		1	1		
		1		1		1	1			
0										
1	1		1		2			1		
1	1			2	2	1	1	1		
1	1		1		2			1		
			1			1	1	1		
1			1			2	1	1		
1	1		1		1		1			
		1		1		1	1	1		
1	1		1		2			1		
1	1		1		1			1		
0								1		
1							1			
1	1		1		1		1	1		
Total.	21	14	24	18	38	17	32	31	1	»

SÉANCE DU 6 MARS — 2ᵉ TABLEAU

NATURE des coups de cartes 3 coups toujours adopté	RÉSULTAT OBTENU EN JOUANT						NOMBRE de coups		DIFFÉRENCE en faveur (col. 8 et 9)	
	UNE MISE ÉGALE		Avec je redoubler la seconde coup de la série qui correspondante de banquier		une MARTINGALE accoutumée sur 3 coups de … la correspondante de banquier		par la BANQUE	par le PONTE	de la BANQUE	du PONTE
	GAIN	PERTE	GAIN	PERTE	GAIN	PERTE				
1	2	3	4	5	6	7	8	9	10	11
à reporter	10	6	12	6	21	11	16	15	"	"

SÉANCE DU 8 MARS — 2ᵐᵉ TABLEAU (suite)

NOMBRE des coups de cartes — Groupes adoptés	RÉSULTAT OBTENU EN JOUANT — par la Martingale		avec progression croissante ou décroissante suivant le gain ou la perte		par la Martingale doublée au 5ᵉ coup au plus		NOMBRE DE COUPS posés — par l	par le	DIFFÉRENCE en faveur (Col. 8 et 9) — de la BANQUE	du PONTE
	GAIN	PERTE	GAIN	PERTE	GAIN	PERTE				
1	2	3	4	5	6	7	8	9	10	11
Report.	10	·	12	6	21	13	16	15	»	»
1	1		1		1		1			
1	1				1			1		
1	1		1		1		1			
1						1	1			
1	1		1			1	1			
		1		1		2	1			
1	1		1			1	1			
1		1	2		1		1			
1	1		1	2			1			
1	1			1		1	1			
1		1	2	1			1			
1	1		1	2			1			
		1	1		1		1			
1		1	2		1		1			
1	1		1	2	1		1			
0						1	1			
1	1		2				1			
1		1	1			1	1			
1	1		1				1			
0							1			
Total.	23	12	26	19	41	18	31	31	3	»

SÉANCE DU 9 MARS — 1ᵉʳ TABLEAU

FIGURE des coups de cartes	RÉSULTAT OBTENU EN JOUANT						NOMBRE DE COUPS passés		DIFFÉRENCE en FAVEUR (Col. 8 et 9)	
3 coups nombre adopté	UNE MISE ÉGALE		avec paroli sur le second coup de la série de gain correspondante du banquier		une MARTINGALE ascendante sur 5 coups de gain correspondants du banquier		par la BANQUE	par le PONTE	de la BANQUE	du PONTE
1	GAIN (2)	PERTE (3)	GAIN (4)	PERTE (5)	GAIN (6)	PERTE (7)	(8)	(9)	(10)	(11)
1							1			
1								1		
1	1		1		1			1		
1							1	1		
		1		1		1	1			
1	1		1		2		1	1		
1	1		2		1					
0										
							1			
1	1		1		1		1	1		
		1	1	1		1	1			
		1	1	1		2	1			
		1	1			4	1			
1	1		1		8			1		
1	1		2		1			1		
1	1		1		1			1		
1								1		
0										
1								1		
		1		1		1	1			
1								1		
1		1		1		2	1			
1	1		1		4					
0										
1	1		1		1		1	1		
1	1		1		1		1			
0										
à reporter	10	6	12	6	21	11	16	16	»	»

SÉANCE DU 9 MARS — 1ᵉʳ TABLEAU (suite)

FIGURE des coups de cartes — 3 coups nombre adopté	RÉSULTAT OBTENU EN JOUANT						NOMBRE DE COUPS passés		DIFFÉRENCE en FAVEUR (Col. 8 et 9)	
	UNE MISE ÉGALE		avec paroli sur le second coup de la série de gain correspondante du banquier		une MARTINGALE ascendante sur 5 coups de gain correspondants du banquier		par la	par le	de la	du
	GAIN	PERTE	GAIN	PERTE	GAIN	PERTE	BANQUE	PONTE	BANQUE	PONTE
1	2	3	4	5	6	7	8	9	10	11
Report.	10	6	12	6	21	11	16	16	»	»
1	1		1		1		1	1		
0										
1	1		1		1			1		
1		1		1		1	1	1		
							1	1		
1	1		1		2			1		
1	1					1	1	1		
1								1		
1		1		1		1	1			
						2	1			
		1		1		4	1			
1	1		1		2	1		1		
1	1		2		1		1	1		
1		1		1		1	1	1		
				1		2	1			
		1		1		4	1			
		1		1		8	1			
1	1		1		16			1		
1	1		2		1			1		
1	1		1		1		1	1		
0										
0										
1	1		1		1	1		1		
		1		2		1	1			
Total.	20	15	24	16	54	35	33	32	»	1

SÉANCE DU 9 MARS — 2ᵉ TABLEAU

NATURE des corps de cartes — 5 coups honneur à égalité	RÉSULTAT OBTENU EN JOUANT								DIFFÉRENCE en FAVEUR DE LA	
	UNE MISE ÉGALE		[illegible]		MARTINGALE [illegible]		[illegible]		BANQUE	PONTE
	GAIN	PERTE	GAIN	PERTE	GAIN	PERTE	[illegible]	[illegible]		
(1)	(2)	(3)	(4)	(5)	(6)	(7)	(8)	(9)	(10)	(11)
1										
		1		1		1				
1	1		1		2					
1	1		1		1					
1	1		2		1					
1										
1										
1										
1	1		1		1					
1										
1	1		1							
1										
[illegible]							1			
[illegible]					1					
[illegible]	1		1		1			1		
[illegible]		1		1		1		1		
[illegible]	1		1					1		
			1		1			1		
[illegible]	1		1		2			1		
[illegible]		1		1		1	1			
						2	1			
1	1		1		1			1		
Report	9	7	10	7	18	9	5	6	[illegible]	[illegible]

SÉANCE DU 9 MARS — 2ᵐᵉ TABLEAU (suite)

FIGURE des coups de cartes — 3 coups — nombre adopté	RÉSULTAT OBTENU EN JOUANT						NOMBRE DE COUPS passés		DIFFÉRENCE en FAVEUR (Col. 8 et 9)	
	UNE MISE ÉGALE		avec paroli sur le second coup de la série de gain correspondante du banquier		une MARTINGALE ascendante sur 5 coups de gain correspondants du banquier		par la	par le	de la	du
	GAIN	PERTE	GAIN	PERTE	GAIN	PERTE	BANQUE	PONTE	BANQUE	PONTE
1	2	3	4	5	6	7	8	9	10	11
Report.	9	7	10	7	18	9	15	16	»	»
1	1		1		1		1	1		
		1		2		1	1			
							1			
		1		1		2	1			
1	1		1		4		1	1		
		1	1			1	1	1		
1	1		1		2			1		
1			1		1			1		
1	1		1				1	1		
1							1			
0							1			
1	1		1		1			1		
		1		1		1	1			
0							1			
1	1		1	2	2			1		
1	1		2		1			1		
0								1		
1							1			
0							1			
1	1		1	2	1			1		
1	1		2		1		1	1		
		1		1		1	1			
1								1		
1	1		1		2			1		
0										
0										
1								1		
1	1		1		1			1		
1	1		2		1			1		
Total.	21	12	25	13	35	15	28	33	»	5

SÉANCE DU 10 MARS — 1er TABLEAU

FIGURE des coups de cartes — 3 coups, nombre adopté	RÉSULTAT OBTENU EN JOUANT						NOMBRE DE COUPS passés		DIFFÉRENCE en FAVEUR (Col. 8 et 9)	
	UNE MISE ÉGALE		avec paroli sur le second coup de la série de gain correspondante du banquier		une MARTINGALE ascendante sur 5 coups de gain correspondants du banquier					
	GAIN	PERTE	GAIN	PERTE	GAIN	PERTE	par la BANQUE	par le PONTE	de la BANQUE	du PONTE
1	2	3	4	5	6	7	8	9	10	11
1								1		
0								1		
1								1		
1								1		
1	1		1		1					
0										
							1	1		
1		1		1		1	1			
1	1		1		2		1	1		
0							1			
1	1		1		1		1	1		
		1		2		1	1			
1	1		1		2		1	1		
1	1		1		1		1	1		
1	1		1		1		1	1		
1								1		
0								1		
1										
		1		1		1	1			
0							1			
0										
		1		1		1	1			
		1		1		2	1			
1	1		1		1			1		
1	1		2		1			1		
1	1		1		1			1		
							1			
0							1			
à reporter	9	5	10	6	14	6	13	16	»	»

SÉANCE DU 10 MARS — 1er TABLEAU (suite)

FIGURE des coups de cartes — 3 coups nombre adopté	RÉSULTAT OBTENU EN JOUANT — UNE MISE ÉGALE		avec paroli sur le second coup de la série de gain correspondante du banquier		une MARTINGALE ascendante sur 5 coups de gain correspondants du banquier		NOMBRE DE COUPS passés — par la BANQUE	par le PONTE	DIFFÉRENCE en FAVEUR (Col. 8 et 9) — de la BANQUE	du PONTE
	GAIN	PERTE	GAIN	PERTE	GAIN	PERTE	BANQUE	PONTE	BANQUE	PONTE
1	2	3	4	5	6	7	8	9	10	11
Report.	9	5	10	6	11	6	13	16	»	»
1	1		1		1			1		
1	1		2		1		1			
		1		1		1	1	1		
0		1		1		2	1	1		
1	1		1		4			1		
1	1		2		1		1	1		
1	1		1		1		1	1		
							1	1		
1	1		1		1		1	1		
1	1		2		1			1		
		1		1		1	1	1		
0								1		
1	1		1		2			1		
1	1		2		1		1	1		
0							1			
1	1		1		1			1		
1	1		1		1		1	1		
1							1	1		
							1	1		
1	1		1		1			1		
1	1		1		1			1		
1	1		1		1			1		
							1	1		
0							1			
Total.	23	8	28	9	32	10	26	35	»	9

SÉANCE DU 10 MARS — 2ᵐᵉ TABLEAU

FIGURE des coups de cartes — 3 coups nombre adopté	RÉSULTAT OBTENU EN JOUANT						NOMBRE DE COUPS passés		DIFFÉRENCE en FAVEUR (Col. 8 et 9)	
	UNE MISE ÉGALE		avec paroli sur le second coup de la série de gain correspondante du banquier		une MARTINGALE ascendante sur 5 coups de gain correspondants du banquier		par la	par le	de la	du
	GAIN	PERTE	GAIN	PERTE	GAIN	PERTE	BANQUE	PONTE	BANQUE	PONTE
1	2	3	4	5	6	7	8	9	10	11
0))								1 1		
		1		1		1	1 1	1		
1		1		1		2 4	1 1 1			
1 0))))	1 1 1		1 1 1		x 1			1 1 1 1		
1							1 1	1 1		
1	1		1		1	1	1 1 1	1		
1	1	1		2	1	1	1	1 1		
1) 0	1		1		2			1 1		
1 1 1 1 1	1 1		1 1		1 1			1 1 1 1 1		
1							1 1	1		
à reporter	8	5	8	6	16	9	14	19	»	»

SÉANCE DU 10 MARS   2ᵐᵉ TABLEAU (suite)

FIGURE des coups de cartes — 3 coups nombre adopté	RÉSULTAT OBTENU EN JOUANT						NOMBRE DE COUPS passés		DIFFÉRENCE en FAVEUR (Col. 8 et 9)	
	UNE MISE ÉGALE		avec paroli sur le second coup de la série de gain correspondante du banquier		une MARTINGALE ascendante sur 5 coups de gain correspondants du banquier		par la BANQUE	par le PONTE	de la BANQUE	du PONTE
1	GAIN	PERTE	GAIN	PERTE	GAIN	PERTE	BANQUE	PONTE	BANQUE	PONTE
	2	3	4	5	6	7	8	9	10	11
Report.	8	5	8	6	16	9	11	19	»	»
1	1	1	1	1	2	1	1	1		
1 1	1		2		1		1	1		
0 1	1		1		1		1	1		
1 1		1	1	1		2	1	1		
1 1 1	1		1	2	1	1	1	1		
1	1		1		1		1	1		
0		1		1		1	1			
1 1		1		1		2 1	1	1		
1 1	1		1 2		8 1	1	1	1		
0 0 1	1	1		1	2		1	1		
		1		1		2	1 1			
		1		1		4	1			
0 1	1		1		8			1		
Total.	18	16	20	18	15	25	31	33	»	2

SÉANCE DU 11 MARS — 1ᵉʳ TABLEAU

FIGURE des coups de cartes — 3 coups nombre adopté	RÉSULTAT OBTENU EN JOUANT						NOMBRE DE COUPS passés		DIFFÉRENCE en FAVEUR (Col. 8 et 9)	
	UNE MISE ÉGALE		avec paroli sur le second coup de la série de gain correspondante du banquier		une MARTINGALE ascendante sur 5 coups de gain correspondants du banquier		par la BANQUE	par le PONTE	de la BANQUE	du PONTE
	GAIN	PERTE	GAIN	PERTE	GAIN	PERTE	BANQUE	PONTE	BANQUE	PONTE
1	2	3	4	5	6	7	8	9	10	11
								1		
1								1		
								1		
1								1		
1										
1							1			
1										
	1	1					1	1		
	1	1	1	1		1	1	1		
		1	1			2	1			
1				1		4	1	1		
1		1	1	1	8		1			
	1				1		1	1		
			1			1		1		
	1	1		2			1	1		
1			1				1			
					2		1			
1	1	1				1				
				2	2					
	1	1				1	1			
	1		1				1			
		1	2	1			1			
0						2				
1				1			1	1		
1					4	1	1	1		
					1		1			
	1		1							
				1		1				
0	1		2							
1					2			1		
1								1		
1					1	1		1		
1					1			1		
							1			
0										
à reporter	9	8	11	10	22	13	17	16	»	»

SÉANCE DU 11 MARS — 1ᵉʳ TABLEAU (suite)

FIGURE des coups de cartes — 3 coups, nombre adopté	RÉSULTAT OBTENU EN JOUANT						NOMBRE DE COUPS passés		DIFFÉRENCE en FAVEUR (Col. 8 et 9)	
	UNE MISE ÉGALE		avec paroli sur le second coup de la série de gain correspondante du banquier		une MARTINGALE ascendante sur 5 coups de gain correspondants du banquier		par la	par le	de la	du
	GAIN	PERTE	GAIN	PERTE	GAIN	PERTE	BANQUE	PONTE	BANQUE	PONTE
1	2	3	4	5	6	7	8	9	10	11
Report.	9	8	11	10	22	13	17	16	»	»
		1		1		1	1			
0							1			
1	1		1		2			1		
1	1		2		1			1		
		1		1		1	1			
0								1		
1	1		1		2			1		
1	1		1		1			1		
1			2		1			1		
1								1		
1							1			1
0								1		
1			1	1		2	1			
			1	1			1			
1	1		2	4		1		1		
		1	1	1		1	1			
0						2	1			
0	1		1	4				1		
		1	1	2			1	1		
1	1		1	1				1		
1	1		1	1			1	1		
							1			
0										
1	1		1	1				1		
		1		2		1	1			
Total.	20	16	25	19	42	23	32	31	1	»

SÉANCE DU 11 MARS — 2me TABLEAU

FIGURE des coups de cartes — 3 coups nombre adopté	RÉSULTAT OBTENU EN JOUANT						NOMBRE DE COUPS passés		DIFFÉRENCE en FAVEUR (Col. 8 et 9)	
	UNE MISE ÉGALE		avec paroli sur le second coup de la série de gain correspondante du banquier		une MARTINGALE ascendante sur 5 coups de gain correspondants du banquier		par la	par le	de la	du
	GAIN	PERTE	GAIN	PERTE	GAIN	PERTE	BANQUE	PONTE	BANQUE	PONTE
1	2	3	4	5	6	7	8	9	10	11
							1			
							1			
0										
		1		1		1	1			
1	1		1		2			1		
		1		2		1	1			
1	1		1		2			1		
0							1			
1								1		
0		1		1		1	1			
1								1		
0		1		1		2	1			
1								1		
1	1		1		1			1		
1	1		2		1			1		
1								1		
1							1			
0								1		
1	1		1		1					
0		1		1		1	1			
1	1		1		2			1		
1	1		1		1			1		
1			2		1			1		
1								1		
							1			
							1			
							1			
		1		1		1	1			
0										
1	1		1		2			1		
à reporter	9	6	11	7	16	7	14	15	»	»

SÉANCE DU 11 MARS · 2ᵐᵉ TABLEAU (suite)

| FIGURE des coups de cartes — 3 coups nombre adopté | RÉSULTAT OBTENU EN JOUANT | | | | | | NOMBRE DE COUPS passés | | DIFFÉRENCE en FAVEUR (Col. 8 et 9) | |
| | UNE MISE ÉGALE | | avec paroli sur le second coup de la série de gain correspondante du banquier | | une MARTINGALE ascendante sur 5 coups de gain correspondants du banquier | | par la BANQUE | par le PONTE | de la BANQUE | du PONTE |
1	GAIN 2	PERTE 3	GAIN 4	PERTE 5	GAIN 6	PERTE 7	8	9	10	11
Report.	9	6	11	7	16	7	14	15	»	»
0										
1	1		1		1			1		
0										
		1		1		1	1			
							1			
1	1		1		2		1			
1	1		1	2	1		1			
0							1			
					2			1		
1	1		2		1			1		
1	1		1		1		1			
1							1			
1		1		1		1	1			
				2	2		1			
		1		1		2	1			
1	1		1	2	4		1			
1	1		2	1	1			1		
1							1	1		
1	1		1		1			1		
1	1		1		1		1			
1	1		1		1		1	1		
		1		1		1	1			
1							1	1		
0										
Total.	21	12	25	15	24	14	30	31	»	1

SÉANCE DU 12 MARS — 1ᵉʳ TABLEAU

Column groups: **FIGURE des coups de cartes** (3 coups, nombre adopté) = col. 1 · **RÉSULTAT OBTENU EN JOUANT**: *une mise égale* (GAIN = col. 2, PERTE = col. 3); *avec paroli sur le second coup de la série de gain correspondante du banquier* (GAIN = col. 4, PERTE = col. 5); *une martingale ascendante sur 5 coups de gain correspondants du banquier* (GAIN = col. 6, PERTE = col. 7) · **NOMBRE DE COUPS passés**: par la BANQUE = col. 8, par le PONTE = col. 9 · **DIFFÉRENCE en FAVEUR (Col. 8 et 9)**: de la BANQUE = col. 10, du PONTE = col. 11.

FIGURE (1)	GAIN (2)	PERTE (3)	GAIN (4)	PERTE (5)	GAIN (6)	PERTE (7)	BANQUE (8)	PONTE (9)	BANQUE (10)	PONTE (11)
							1			
							1			
1								1		
1	1		1		1			1		
1	1		2		1			1		
							1			
1								1		
1	1		1				1			
1								1		
		1		1		1	1			
1							1	1		
1		1		1		2	1	1		
1	1		1		4			1		
1	1		1		1			1		
1								1		
0										
1								1		
1								1		
0		1		1		1	1			
1								1		
		1		1		2	1			
		1		1		4	1	1		
1		1		1		8	1			
		1		1		16	1			
1								1		
0										
		1		1		1	1			
							1	1		
		1		1		2	1			
1		1		1		4	1			
1	1		1		8			1		
à reporter	6	10	7	10	16	41	16	17	»	»

SÉANCE DU 12 MARS — 1ᵉʳ TABLEAU (suite)

| FIGURE des coups de cartes — 3 coups nombre adopté | RÉSULTAT OBTENU EN JOUANT | | | | | | NOMBRE DE COUPS passés | | DIFFÉRENCE en FAVEUR (Col. 8 et 9) | |
| | UNE MISE ÉGALE | | avec paroli sur le second coup de la série de gain correspondante du banquier | | une MARTINGALE ascendante sur 5 coups de gain correspondants du banquier | | par la BANQUE | par le PONTE | de la BANQUE | du PONTE |
1	GAIN 2	PERTE 3	GAIN 4	PERTE 5	GAIN 6	PERTE 7	8	9	10	11
Report.	6	10	7	10	16	41	16	17	»	»
		1		1		1	1			
		1		1		2	1			
							1			
		1		1		4	1			
0										
1	1		1		8			1		
1	1		1		1			1		
1				2		1	1	1		
1								1		
1	1		1		2			1		
							1			
							1			
0		1		1		1	1			
1	1		1		2			1		
1	1		2		1		1			
		1		1		1				
0										
0		1		1		2	1			
1	1		1		4		1	1		
1	1		1		2			1		
							1			
0								1		
1	1		1		1			1		
1		1		2		1	1			
							1			
1	1		1		2			1		
1	1		2		1			1		
0								1		
1							1			
Total.	15	19	19	22	10	55	31	32	»	1

SÉANCE DU 12 MARS — 2ᵐ TABLEAU

FIGURE des coups de cartes — 3 coups nombre adopté	RÉSULTAT OBTENU EN JOUANT						NOMBRE DE COUPS passés		DIFFÉRENCE en FAVEUR (Col. 8 et 9)	
	UNE MISE ÉGALE		avec paroli sur le second coup de la série de gain correspondante du banquier		une MARTINGALE ascendante sur 5 coups de gain correspondants du banquier		par la	par le	de la	du
	GAIN	PERTE	GAIN	PERTE	GAIN	PERTE	BANQUE	PONTE	BANQUE	PONTE
1	2	3	4	5	6	7	8	9	10	11
							1			
							1			
							1			
		1		1		2	1			
		1		1		4	1			
		1		1		8	1			
1	1		1		16			1		
1	1		2		1			1		
1	1		1		1			1		
1							1			
1							1	1		
		1		1		1	1			
1		1		1		2	1	1		
1	1		1		4			1		
1 / 0	1		1		1		1	1		
1 / 0	1		1		1			1		
		1		1		1	1	1		
1 / 1	1		1		2		1	1		
		1		2		1	1			
1 / 1	1		1		2			1		
0 / 1						1		1		
		1		1		1	1			
1	1		1		2			1		
3 reportés	9	9	16	10	30	21	18	15	»	»

SÉANCE DU 12 MARS — 2ᵐ TABLEAU (suite)

FIGURE des 8 coups de cartes — 3 coups nombre adopté	RÉSULTAT OBTENU EN JOUANT						NOMBRE DE COUPS passés		DIFFÉRENCE en faveur (Col. 8 et 9)	
	UNE MISE ÉGALE		avec paroli sur le second coup de la série de gain correspondante du banquier		une MARTINGALE ascendante sur 5 coups de gain correspondants du banquier		par la	par le	de la	au
	GAIN	PERTE	GAIN	PERTE	GAIN	PERTE	BANQUE	PONTE	BANQUE	PONTE
1	2	3	4	5	6	7	8	9	10	11
Report.	9	9	10	10	30	21	18	15	»	»
1	1		1		1			1		
0							1			
							1			
		1		1		1	1			
		1		1		2	1			
		1		1		4	1			
1	1		1		8	1		1		
		1		2	2	1	1			
1	1		1		2			1		
0	1		1		1			1		
1								1		
		1		1		1	1			
							1			
0				1		2	1			
1	1		1	2	4	1	1	1		
1	1		1		2		1	1		
							1			
1	1		1		1			1		
0								1		
1	1		1		1			1		
1		1		1		1	1			
							1			
							1			
		1		1		2	1			
				1	4	4	1			
		1		1	8	8	1			
		1		1	16	16	1			
1	1		1		1			1		
1	1		2		1			1		
1	1		1		1			1		
Total.	20	21	22	24	53	64	37	28	9	»

SÉANCE DU 13 MARS — 1ᵉʳ TABLEAU

FIGURE des coups de cartes — 3 coups nombre adopté	RÉSULTAT OBTENU EN JOUANT						NOMBRE DE COUPS passés		DIFFÉRENCE en FAVEUR (Col. 8 et 9)	
	UNE MISE ÉGALE		avec paroli sur le second coup de la série de gain correspondante du banquier		une MARTINGALE ascendante sur 5 coups de gain correspondants du banquier		par la	par le	de la	du
	GAIN	PERTE	GAIN	PERTE	GAIN	PERTE	BANQUE	PONTE	BANQUE	PONTE
1	2	3	4	5	6	7	8	9	10	11
1								1		
0							1			
								1		
1							1			
0							1			
0							1			
		1		1		1	1			
		1				2	1			
1	1		1		4		1	1		
		1		2		1	1			
				1		2	1			
		1		1		4	1			
1	1		1		8			1		
		1		1		1	1			
1	1		1		2			1		
		1		1		1	1			
								1		
1				1				1		
1						2	1			
							1			
	1		1	2		1		1		
1	1		2		1	1		1		
							1			
1				1		1	1			
0		1					1	1		
							1			
		1		1	2	1	1	1		
1	1		1		2			1		
à reporter	8	8	9	9	21	13	17	15	»	»

SÉANCE DU 13 MARS   1ᵉʳ TABLEAU (suite)

FIGURE des coups de cartes — 3 coups nombre adopté	RÉSULTAT OBTENU EN JOUANT						NOMBRE DE COUPS passés		DIFFÉRENCE en FAVEUR (Col. 8 et 9)	
	UNE MISE ÉGALE		avec paroli sur le second coup de la série de g[ain] correspondante du banquier		une MARTINGALE ascendante sur 5 coups de gain correspondants du banquier		par la BANQUE	par le PONTE	de la BANQUE	du PONTE
	GAIN	PERTE	GAIN	PERTE	GAIN	PERTE				
1	2	3	4	5	6	7	8	9	10	11
Report. 1	8	8	9	9	21	13	17	15	»	»
1	1		1	2	1	1	1	1		
		1		1		2	1			
		1		1		4	1			
		1		1		8	1			
1	1		1		16			1		
1	1		2		1			1		
0								1		
1							1			
		1		1		1	1			
0								1		
1	1		1		2			1		
		1		1		1	1			
1	1		1		2			1		
0										
		1		1		1	1			
		1		1		2	1			
		1		1		4	1			
		1		1		8	1			
		1		1		16	1			
1	1		1		1			1		
0							1			
		1		1		1	1			
0							1			
		1		1		2	1			
		1		1		4	1			
1	1		1		8			1		
1	1		2		1			1		
0			1		1		1			
							1			
Total.	16	23	19	25	53	63	38	24	14	»

SÉANCE DU 13 MARS — 2me TABLEAU

FIGURE des coups de cartes — 3 coups nombre adopté	RÉSULTAT OBTENU EN JOUANT						NOMBRE DE COUPS passés		DIFFÉRENCE en FAVEUR (Col. 8 et 9)	
	UNE MISE ÉGALE		avec paroli sur le second coup de la série de gain correspondante du banquier		une MARTINGALE ascendante sur 5 coups de gain correspondants du banquier		par la	par le	de la	du
	GAIN	PERTE	GAIN	PERTE	GAIN	PERTE	BANQUE	PONTE	BANQUE	PONTE
1	2	3	4	5	6	7	8	9	10	11
1								1		
1								1		
1								1		
1								1		
1								1		
1								1		
1							1	1		
1							1	1		
1		1		1		1	1			
1	1		1		2			1		
1	1		2		1			1		
0							1	1		
1							1			
		1		1		1	1			
0							1			
		1		1		2	1			
		1		1		4	1			
1	1		1		8			1		
1	1		1		1	1		1		
0				2			1			
0		1	1		2			1		
1		1		2		1		1		
1	1		1		2		1		1	
1							1			
		1		1		1	1			
							1			
							1			
1	1		1		2			1		
à reporter	7	7	8	9	18	11	13	19	»	»

SÉANCE DU 13 MARS — 2ᵐᵉ TABLEAU (suite)

FIGURE des coups de cartes — 3 coups, nombre adopté	RÉSULTAT OBTENU EN JOUANT						NOMBRE DE COUPS passés		DIFFÉRENCE ou FAVEUR (Col. 8 et 9)	
	UNE MISE ÉGALE		avec paroli sur le second coup de la série de gain correspondante du banquier		une MARTINGALE ascendante sur 5 coups de gain correspondants du banquier		par la BANQUE	par le PONTE	de la BANQUE	du PONTE
	GAIN	PERTE	GAIN	PERTE	GAIN	PERTE				
1	2	3	4	5	6	7	8	9	10	11
Report.	7	7	8	9	18	11	13	19	»	»
1	1		1		1			1		
0								1		
1							1	1		
1	1		1		1		1	1		
1		1		1		1	1	1		
		1		1		2	1			
							1			
							1			
		1	1	1		1	1	1		
1	1		1		8			1		
0										
0										
		1		1		1	1			
		1		1		2	1			
		1		1		4	1			
		1		1		8	1			
1	1	1	1	1	1	16	1	1		
		1		2		1	1			
		1		1		2	1			
1	1		1		4			1		
1	1		1		1			1		
1	1		2		1			1		
1							1			
1	1		1		1		1	1		
0										
1	1		1		1			1		
							1			
Total.	15	17	18	20	37	52	31	33	»	2

SÉANCE DU 14 MARS — 1ᵉʳ TABLEAU

FIGURE des coups de cartes — 3 coups nombre adopté	RÉSULTAT OBTENU EN JOUANT						NOMBRE DE COUPS passés		DIFFÉRENCE en FAVEUR (Col. 8 et 9)	
	UNE MISE ÉGALE		avec paroli sur le second coup de la série de gain correspondante du banquier		une MARTINGALE ascendante sur 3 coups de ... correspondants du banquier					
	GAIN	PERTE	GAIN	PERTE	GAIN	PERTE	par la BANQUE	par le PONTE	de la BANQUE	du PONTE
1	2	3	4	5	6	7	8	9	10	11
1								1		
1								1		
		1		1		1	1			
1							1	1		
1	1		1		2		1	1		
		1		2		1	1			
						2	1			
1	1	1	1		1		1	i		
0										
		1		1		1	1			
1	1	1	1		2			1		
		1		2		1	1			
		1		1		2	1			
1		1	1		8		1	1		
1	1		1		1			1		
		1		1		1	1			
0							1			
1		1		2		1	1	1		
		1		2		2	1			
1	1		1		2			1		
1								1		
0										
1							1	1		
1	1		1		1			1		
à reporter	8	10	8	13	22	15	18	15	»	»

SÉANCE DU 14 MARS — 1ᵉ TABLEAU (suite)

FIGURE des coups de cartes — 3 coups nombre adopté	RÉSULTAT OBTENU EN JOUANT						NOMBRE DE COUPS passés		DIFFÉRENCE en FAVEUR (Col. 8 et 9)	
	UNE MISE ÉGALE		avec paroli sur le second coup de la série de 3 in correspondante du banquier		une MARTINGALE ascendante sur 5 coups de gain correspondants du banquier		par la BANQUE	par le PONTE	de la BANQUE	du PONTE
	GAIN	PERTE	GAIN	PERTE	GAIN	PERTE				
1	2	3	4	5	6	7	8	9	10	11
Report.	8	10	8	13	22	15	18	15	»	»
		1		1		1	1			
1		1		1		2	1	1		
1 1	1		1		1			1		
0 1								1		
		1		1		1	1			
0		1		1		2	1			
		1		1		4	1			
1 0	1		1		8			1		
1	1		1			1	1	1		
		1		1		1	1			
		1		1		2	1			
		1		1		4	1			
1 1	1		2		8	1		1		
		1		1		1	1	1		
1	1		1		2		1	1		
1 1	1		2		1			1		
0							1			
1	1		1		1		1	1		
		1		1		1	1			
1	1		2		2		1	1		
Total.	18	20	21	23	51	31	37	28	»	»

SÉANCE DU 14 MARS — 2ᵐᵉ TABLEAU

FIGURE des coups de cartes — 3 coups nombre adopté	RÉSULTAT OBTENU EN JOUANT						NOMBRE DE COUPS passés		DIFFÉRENCE en FAVEUR (Col. 8 et 9)	
	UNE MISE ÉGALE		avec paroli sur le second coup de la série de gain correspondante du banquier		une MARTINGALE ascendante sur 5 coups de gain correspondants du banquier		par la	par le	de la	du
	GAIN	PERTE	GAIN	PERTE	GAIN	PERTE	BANQUE	PONTE	BANQUE	PONTE
1	2	3	4	5	6	7	8	9	10	11
0										
1								1		
							1			
1	1		1		1			1		
		1		1		1	1			
							1			
1		1		1		2	1	1		
1	1		1		4		1	1		
1	1		1		1		1	1		
1								1		
1	1		1		1		1	1		
							1			
0							1			
1	1	1	1		2	1	1	1		
0		1		1		1	1	1		
1	1		1	2		2		1		
1	1	2		1		1		1		
0										
1								1		
1		1		1		1	1	1		
							1			
							1			
1	1		1		2			1		
1	1	1		1		1		1		
1		2				1		1		
1							1			
1								1		
1								1		
à reporter	10	5	12	5	16	6	14	18	»	»

SÉANCE DU 14 MARS — 2ᵐᵉ TABLEAU (suite)

FIGURE des coups de cartes — 3 coups nombre adopté	RÉSULTAT OBTENU EN JOUANT						NOMBRE DE COUPS passés		DIFFÉRENCE en FAVEUR (Col. 8 et 9)	
	UNE MISE ÉGALE		avec paroli sur le second coup de la série de gain correspondante du banquier		une MARTINGALE ascendante sur 5 coups de gain correspondants du banquier		par la BANQUE	par le PONTE	de la BANQUE	du PONTE
	GAIN	PERTE	GAIN	PERTE	GAIN	PERTE				
1	2	3	4	5	6	7	8	9	10	11
Report.	10	5	12	5	16	6	14	18	»	»
		1		1		1	1			
							1			
							1	1		
1	1		1		2		1			
1	1		1	2	2	1		1		
0			1		1	1	1			
1				1				1		
		1		1		2	1			
		1		1		4	1			
1	1		1		8		1	1		
1	1		2	1	1	1	1			
							1			
							1			
1	1		1		2			1		
		1		1		1	1			
1	1		1		2		1			
			1	1		1	1			
							1			
1	1		1		2			1		
1	1		2	1	1			1	1	
1	1				1				1	
							1			
							1			
1	1		1		1			1		
1		1		1	2	1		1		
							1			
0										
0								1		
1	1		1		1					
Total.	22	14	26	15	41	19	31	31	3	»

SÉANCE DU 15 MARS — 1ᵉʳ TABLEAU

FIGURE des coups de cartes — 3 coups nombre adopté	RÉSULTAT OBTENU EN JOUANT						NOMBRE DE COUPS passés		DIFFÉRENCE en FAVEUR (Col. 8 et 9)	
	UNE MISE ÉGALE		avec paroli sur le second coup de la série de gain correspondante du banquier		une MARTINGALE ascendante sur 5 coups de gain correspondants du banquier		par la	par le	de la	du
	GAIN	PERTE	GAIN	PERTE	GAIN	PERTE	BANQUE	PONTE	BANQUE	PONTE
1	2	3	4	5	6	7	8	9	10	11
1							1			
								1		
							1	1		
1	1		1		1		1	1		
		1		1		1	1			
							1			
1		1		1		2	1			
	1		1		4			1		
1	1		1	1	2	1		1		
							1	1		
1	1		1		1			1		
1	1		1		1			1		
1		1						1		
							1	1		
1							1			
1		1						1		
1	1		1		1			1		
		1		2		1	1			
1		1								
1	1		1		2			1		
1							1	1		
1										
		1		1		1		1		
1							1	1		
1							1			
0										
1	1		1		2			1		
1	1		2		1			1		
1	1		1		1			1		
1								1		
1							1			
1							1			
à reporter	10	7	11	6	16	6	15	20	»	»

SÉANCE DU 15 MARS - 1ᵉʳ TABLEAU (suite)

FIGURE des coups de cartes — Temps nombre adopté [1]	RÉSULTAT OBTENU EN JOUANT						NOMBRE DE COUPS passés		DIFFÉRENCE en FAVEUR (Col. 8 et 9)	
	UNE MISE ÉGALE		avec paroli sur le second coup de la série de gain correspondante du banquier		une MARTINGALE ascendante sur 5 coups de gain correspondants du banquier					
	GAIN [2]	PERTE [3]	GAIN [4]	PERTE [5]	GAIN [6]	PERTE [7]	par la BANQUE [8]	par le PONTE [9]	de la BANQUE [10]	du PONTE [11]
Report.	10	5	11	6	16	6	15	20	»	»
1										
1	1		1	2	1	1		1		
1	1		1	2	2	1		1		
		1		1	1	1	1			
0		1	1		1	2	1			
		1	1		1	4	1			
		1	1		1	8	1			
1	1		1	2	16			1		
1	1		2		1			1		
0							1			
				1		1	1			
1	1		1		2			1		
0		1		1		1	1			
			1			2	1			
			1			4	1			
1	1		1	2	8				1	
1	1		2		1		1		1	
		1		1	1		1			
						2	1			
1	1		1		1			1		
1	1		2		2		1		1	
1	1		1		1		1		1	
0										
Total.	20	17	23	20	51	34	37	30	7	»

SÉANCE DU 15 MARS — 2ᵐᵉ TABLEAU

FIGURE des coups de cartes — 3 coups nombre adopté	RÉSULTAT OBTENU EN JOUANT						NOMBRE DE COUPS passés		DIFFÉRENCE en FAVEUR (Col. 8 et 9)	
	UNE MISE ÉGALE		avec paroli sur le second coup de la série de gain correspondante du banquier		une MARTINGALE ascendante sur 5 coups de gain correspondants du banquier		par la BANQUE	par le PONTE	de la BANQUE	du PONTE
	GAIN	PERTE	GAIN	PERTE	GAIN	PERTE				
1	2	3	4	5	6	7	8	9	10	11
1								1		
1							1	1		
							1			
1					1		1	1		
1	1		1			1	1			
		1		1			1	1		
1								1		
1	1		2		2			1		
1	1				1			1		
1								1		
1							1			
0							1			
1	1		1		1		1	1		
1	1		2				1	1		
		1		1		1	1			
							1			
1	1		1		2		1	1		
		1		2		1				
		1		1		2				
1			1			1	1	1		
1	1		1		8			1		
1			1		1			1		
1	1							1		
1							1	1		
1							1			
		1		1		1	1			
		1		1		2	1			
							1			
à reporter	8	7	10	8	17	12	17	18	»	»

SÉANCE DU 15 MARS — 2ᵐᵉ TABLEAU (suite)

FIGURE des coups de cartes — 3 coups nombre adopté	RÉSULTAT OBTENU EN JOUANT						NOMBRE DE COUPS passés		DIFFÉRENCE en FAVEUR (Col. 8 et 9)	
1	UNE MISE ÉGALE		avec paroli sur le second coup de la série de gain correspondante du banquier		une MARTINGALE ascendante sur 5 coups de gain correspondants du banquier		par la BANQUE	par le PONTE	de la BANQUE	du PONTE
	GAIN	PERTE	GAIN	PERTE	GAIN	PERTE				
1	2	3	4	5	6	7	8	9	10	11
Report.	8	7	10	8	17	12	17	18	»	»
		1		1		4	1			
		1		1		8	1			
		1		1		16	1			
1	1		1		1			1		
1	1		2					1		
		1		1		1	1			
1			1					1		
		1		1		2	1			
1	1		1		4			1		
0					1		1			
1	1		1		1		1			
				1		1	1			
		1		1		1	1			
			1			2	1			
			1			1	1			
1	1		1		8	1		1		
1	1		1		2			1		
1			1					1		
0		1		1		1	1			
1								1		
1	1		1		2		1	1		
			1		1		1			
1	1		1		1		1	1		
0		1		1		1	1			
1		1		1		2	1	1		
1	1		1		1		1	1		
1		1		1		1	1	1		
1							1	1		
Total.	17	21	20	22	43	58	36	32	4	»

SÉANCE DU 16 MARS — 1ᵉʳ TABLEAU

FIGURE des coups de cartes — 3 coups nombre adopté	RÉSULTAT OBTENU EN JOUANT — UNE MISE ÉGALE		avec paroli sur le second coup de la série de gain correspondante du banquier		une MARTINGALE ascendante sur 5 coups de gain correspondants du banquier		NOMBRE DE COUPS passés		DIFFÉRENCE en FAVEUR (Col. 8 et 9)	
	GAIN	PERTE	GAIN	PERTE	GAIN	PERTE	par la BANQUE	par le PONTE	de la BANQUE	du PONTE
1	2	3	4	5	6	7	8	9	10	11
1								1		
1							1	1		
1							1	1		
1 0	1		1		1			1		
1	1		1		1		1	1		
1 1	1		1		1			1		
1 1	1		1		1			1		
							1 1 1			
0 1 1	1 1		1 2		1 1			1 1		
1 1	1		1		1		1	1		
1		1		1		1	1			
1	1		1		2		1 1	1		
1 1 1	1		1 2		2 1			1		
1 0 1							1 1	1		
1		1		1		1	1	1		
à reporter	10	3	12	3	12	3	13	20	»	»

SÉANCE DU 16 MARS - 1ᵉʳ TABLEAU (suite)

| FIGURE des coups de cartes — 3 coups nombre adopté | RÉSULTAT OBTENU EN JOUANT | | | | | | NOMBRE DE COUPS passés | | DIFFÉRENCE en FAVEUR (Col. 8 et 9) | |
| | UNE MISE ÉGALE | | avec paroli sur le second coup de la série de gain correspondante du banquier | | une MARTINGALE ascendante sur 5 coups de gain correspondants du banquier | | par la BANQUE | par le PONTE | de la BANQUE | du PONTE |
1	GAIN 2	PERTE 3	GAIN 4	PERTE 5	GAIN 6	PERTE 7	8	9	10	11
Report. 1 0	10 1	3 1	12 1	3 2	12 2	3 1	13 1	20 1	»	»
1 1 1	1 1		1 2		2 1		1 1	1 1 1		
1						1	1	1		
0 1		1		1		2	1	1		
1 0	1		1		1			1		
0 1 1	1		1		1		1	1 1		
1 1		1		1		1	1 1 1	1		
1	1		1		2		1			
0 1	1		1		1			1		
1 1 0	1 1	1 1	1 2	1 1	4 1	1 2	1 1	1 1		
1		1		1		1	1 1	1		
Total.	19	10	23	11	30	12	27	36	»	9

SÉANCE DU 16 MARS — 2ᵐᵉ TABLEAU

FIGURE des coups de cartes — 3 coups nombre adopté	RÉSULTAT OBTENU EN JOUANT						NOMBRE DE COUPS passés		DIFFÉRENCE en FAVEUR (Col. 8 et 9)	
	UNE MISE ÉGALE		avec paroli sur le second coup de la série de gain correspondante du banquier		une MARTINGALE ascendante sur 5 coups de gain correspondants du banquier		par la	par le	de la	du
	GAIN	PERTE	GAIN	PERTE	GAIN	PERTE	BANQUE	PONTE	BANQUE	PONTE
1	2	3	4	5	6	7	8	9	10	11
1 / 1								1 / 1		
1 / 0							1	1		
1		1		1		1	1	1		
1		1 / 1		1 / 1		2 / 1	1	1		
1 / 1	1	1	1	2	8	1	1	1 / 1		
1		1		1		2	1 / 1	1		
1 / 1	1	1	1	2	1	1	1	1 / 1		
1	1		1		2		1	1		
1	1	1	1		1	1	1	1		
1		1		1		2	1	1		
1 / 0	1		1		4		1	1		
1		1		1		1	1 / 1	1		
1	1	1	1	2		1	1		
0 / 1		1		1		1	1	1		
à reporter	6	10	6	12	21	16	17	16	»	»

SÉANCE DU 16 MARS — 2ᵐᵉ TABLEAU (suite)

FIGURE des coups de cartes — 3 coups nombre adopté	RÉSULTAT OBTENU EN JOUANT						NOMBRE DE COUPS passés		DIFFÉRENCE en FAVEUR (Col. 8 et 9)	
	UNE MISE ÉGALE		avec paroli sur le second coup de la série de gain correspondante du banquier		une MARTINGALE ascendante sur 5 coups de gain correspondants du banquier					
	GAIN	PERTE	GAIN	PERTE	GAIN	PERTE	par la BANQUE	par le PONTE	de la BANQUE	du PONTE
1	2	3	4	5	6	7	8	9	10	11
Report.	6	10	6	12	21	16	17	16	»	»
1		1 1		1 1		2 4	1 1	1		
1 1	1 1		1 2		8 1		1	1 1		
0		1 1	1	1		1 2	1			
1 1	1 1		1 2 1		4 1			1 1		
1 0	1		1		1			1		
1		1		1	2		1	1		
1	1		1			1	1	1		
0							1			
0 1	1		1		1			1		
0		1 1		1 1		1 2	1 1 1			
1 1 1 1	1	1	1 1 2	1	1 8 1 1	4	1	1 1 1 1 1		
1 0							1			
Total.	16	18	19	20	49	33	32	31	1	»

SÉANCE DU 17 MARS — 1er TABLEAU

FIGURE des coups de cartes — 3 coups nombre adopté	RÉSULTAT OBTENU EN JOUANT						NOMBRE DE COUPS passés		DIFFÉRENCE en FAVEUR (Col. 8 et 9)	
	UNE MISE ÉGALE		avec paroli sur le second coup de la série de gain correspondante du banquier		une MARTINGALE ascendante sur 5 coups de gain correspondants du banquier		par la	par le	de la	du
	GAIN	PERTE	GAIN	PERTE	GAIN	PERTE	BANQUE	PONTE	BANQUE	PONTE
1	2	3	4	5	6	7	8	9	10	11
1							1			
							1	1		
1	1		1		1		1	1		
		1		1		1	1			
		1		1		2	1			
		1		1		4	1			
		1		1		8	1			
		1		1		16	1			
1	1		1		1			1		
1	1		1		1			1		
1	1		2		1			1		
1										
0										
1								1		
		1		1		1	1			
							1			
0										
1	1		1		2		1			
		1	2		2	1		1		
1	1		1		2			1		
1		1		1		1		1		
1								1		
1								1		
1							1			
							1			
1								1		
1	1		1		1			1		
1	1		1		1			1		
1	1		1		2			1		
1								1		
0								1		
1	1		1		1			1		
à reporter	9	7	10	8	11	33	15	18	»	»

SÉANCE DU 17 MARS — 1ᵉʳ TABLEAU (suite)

FIGURE des coups de cartes — 3 coups nombre adopté	RÉSULTAT OBTENU EN JOUANT UNE MISE ÉGALE		avec paroli sur le second coup de la série de gain correspondante du banquier		une MARTINGALE ascendante sur 5 coups de gain correspondants du banquier		NOMBRE DE COUPS passés par la BANQUE	par le PONTE	DIFFÉRENCE en FAVEUR (Col. 8 et 9) de la BANQUE	du PONTE
1	GAIN 2	PERTE 3	GAIN 4	PERTE 5	GAIN 6	PERTE 7	8	9	10	11
Report.	9	7	10	8	11	33	15	18	»	»
1	1		1		1		1			
1								1		
1	1		1		1			1		
1							1	1		
0							1			
1		1		1		1	1			
0	1		1		2			1		
0								1		
1		1		1		1	1			
1	1		1		2			1		
1	1		1		1			1		
1							1	1		
0								1		
1	1		1		1			1		
0										
0							1	1		
			1			1	1			
		1	1			2	1			
		1	1			4	1			
1	1		1 2		8			1		
1	1				1			1		
		1		1		1	1			
							1			
		1				2	1			
1	1		1 2		4			1		
1	1				1			1		
Total.	15	14	22	15	33	45	30	33	»	3

SÉANCE DU 17 MARS — 2ᵐᵉ TABLEAU

FIGURE des coups de cartes — 3 coups nombre adopté	RÉSULTAT OBTENU EN JOUANT						NOMBRE DE COUPS passés		DIFFÉRENCE en FAVEUR (Col. 8 et 9)	
	UNE MISE ÉGALE		avec paroli sur le second coup de la série de gain correspondante du banquier		une MARTINGALE ascendante sur 5 coups de gain correspondants du banquier		par la BANQUE	par le PONTE	de la BANQUE	du PONTE
	GAIN	PERTE	GAIN	PERTE	GAIN	PERTE				
1	2	3	4	5	6	7	8	9	10	11
1								1		
1								1		
							1			
1								1		
1								1		
		1		1		1	1			
							1			
							1			
		1		1		2	1			
1	1		1		4			1		
0							1			
		1		1		1	1			
		1		1		2	1			
		1		1		1	1			
1	1		2		8			1		
1	1		1		1	1		1		
		1		1		1	1			
1							1			
1	1		1		2			1		
		1		1		1	1			
1								1		
1								1		
1	1		1		2			1		
1								1		
		1		1		1	1			
							1			
1	1		1		2			1		
0		1		1		1	1			
							1			
0		1		1		2	1			
à reporter	6	10	7	10	19	16	19	14	»	»

SÉANCE DU 17 MARS — 2ᵐᵉ TABLEAU (suite)

FIGURE des coups de cartes — 3 coups nombre adopté	RÉSULTAT OBTENU EN JOUANT						NOMBRE DE COUPS passés		DIFFÉRENCE en FAVEUR (Col. 8 et 9)	
	UNE MISE ÉGALE		avec paroli sur le second coup de la série de gain correspondante du banquier		une MARTINGALE ascendante sur 5 coups de gain correspondants du banquier		par la BANQUE	par le PONTE	de la BANQUE	du PONTE
	GAIN	PERTE	GAIN	PERTE	GAIN	PERTE				
1	2	3	4	5	6	7	8	9	10	11
Report.	6	10	7	10	19	16	19	14	»	»
		1		1		4	1			
		1		1		8	1			
1	1		1		16			1		
1	1		1		1		1	1		
1		1		2		1	1			
		1	1			2	1	1		
1							1	1		
							1			
1	1	1	1	2	1	1		1		
1	1		1		2		1	1		
		1		2		1	1			
1							1			
		1		1		2	1			
1	1		1	4				1		
1					1			1		
1	1		1		1			1		
1							1	1		
							1			
0								1		
1								1		
1	1		1		1			1		
0							1			
1		1		1		1	1	1		
							1			
0										
Total.	14	19	15	22	50	37	35	31	4	»

SÉANCE DU 18 MARS — 1ᵉʳ TABLEAU

FIGURE des coups de cartes — 3 coups nombre adopté	RÉSULTAT OBTENU EN JOUANT						NOMBRE DE COUPS passés		DIFFÉRENCE en FAVEUR (Col. 8 et 9)	
	UNE MISE ÉGALE		avec paroli sur le second coup de la série de gain correspondante du banquier		une MARTINGALE ascendante sur 5 coups de gain correspondants du banquier		par la BANQUE	par le PONTE	de la BANQUE	du PONTE
1	GAIN 2	PERTE 3	GAIN 4	PERTE 5	GAIN 6	PERTE 7	8	9	10	11
1								1		
1							1	1		
1		1		1		1	1	1		
1								1		
1		1		1		2	1	1		
1		1		1		4	1	1		
1	1		1		8			1		
1	1		1		1			1		
1							1			
0		1		1		1	1			
1	1		1		2			1		
1	1		2		1			1		
0							1			
0								1		
1	1		1		1			1		
1	1		1		1		1	1		
1								1		
1	1		1		1			1		
1	1		1		1			1		
1							1	1		
1							1			
0		1		1		1	1			
à reporter	8	5	9	5	16	9	13	18	»	»

SÉANCE DU 18 MARS — 1er TABLEAU (suite)

FIGURE des coups de cartes — 3 coups nombre adopté	RÉSULTAT OBTENU EN JOUANT						NOMBRE DE COUPS passés		DIFFÉRENCE en FAVEUR (Col. 8 et 9)	
	UNE MISE ÉGALE		avec paroli sur le second coup de la série de gain correspondante du banquier		une MARTINGALE ascendante sur 5 coups de gain correspondants du banquier		par la	par le	de la	du
	GAIN	PERTE	GAIN	PERTE	GAIN	PERTE	BANQUE	PONTE	BANQUE	PONTE
1	2	3	4	5	6	7	8	9	10	11
Report.	8	5	9	5	16	9	13	18	»	»
1	1		1		2			1		
		1		2		1	1			
0										
						2	1			
1	1	1	1	1	4		1	1		
1	1	1	1	2	1	1	1			
		1		1		2	1			
1	1	1	1	2	2	1	1	1		
		1		1		2	1			
		1	1			4	1			
1	1		1	2	8		1	1		
		1		1		2	1			
1	1	1	1	4		1	1	1		
1	1		1	2				1		
1	1		1				1	1		
1							1	1		
1	1	1	1	2	1			1		
1	1	1	2	1	1	1		1		
1								1		
1	1	1	1	2	1		1	1		
1		1		1		1	1	1		
Total.	19	16	21	21	44	26	33	33	»	»

SÉANCE DU 18 MARS — 2me TABLEAU

| FIGURE des coups de cartes — 3 coups nombre adopté | RÉSULTAT OBTENU EN JOUANT | | | | | | NOMBRE DE COUPS passés | | DIFFÉRENCE en FAVEUR (Col. 8 et 9) | |
| | UNE MISE ÉGALE | | avec paroli sur le second coup de la série de gain correspondante du banquier | | une MARTINGALE ascendante sur 5 coups de gain correspondants du banquier | | par la BANQUE | par le PONTE | de la BANQUE | du PONTE |
1	GAIN 2	PERTE 3	GAIN 4	PERTE 5	GAIN 6	PERTE 7	8	9	10	11
1								1		
1										
1							1			
1	1		1		1		1	1		
0										
1	1		1		1		1	1		
1	1		1		1		1	1		
1		1		1		1	1	1		
1							1	1		
1	1		1		2			1		
1		1		1		1	1			
0								1		
1		1		1		2	1			
0							1			
1	1		1		4			1		
1	1		2		1			1		
		1		1		1	1			
1								1		
1								1		
1	1		1		2		1	1		
1							1	1		
1	1		1		1			1		
		1		1		1	1			
0								1		
		1		1		2	1			
à reporter	8	6	9	6	13	8	15	17	»	»

SÉANCE DU 18 MARS — 2ᵐᵉ TABLEAU (suite)

FIGURE des coups de cartes — 3 coups nombre adopté	RÉSULTAT OBTENU EN JOUANT						NOMBRE DE COUPS passés		DIFFÉRENCE en FAVEUR (Col. 8 et 9)	
	UNE MISE ÉGALE		avec paroli sur le second coup de la série de gain correspondante du banquier		une MARTINGALE ascendante sur 5 coups de gain correspondants du banquier		par la BANQUE	par le PONTE	de la BANQUE	du PONTE
	GAIN	PERTE	GAIN	PERTE	GAIN	PERTE				
1	2	3	4	5	6	7	8	9	10	11
Report.	8	6	9	6	13	8	15	17	»	»
1		1	1		8			1		
1	1		2		1			1		
1	1		1		1		1	1		
1								1		
0								1		
1	1		1		1					
0										
1	1		1		1			1		
1	1		1		1		1	1		
1							1	1		
1							1	1		
1		1		1		1	1			
1		1		1		2	1			
1	1		1		2		1	1		
1		1		1		1	1			
1		1		1		2	1			
1		1		1		4	1			
1		1		1		8	1			
1		1		1		16	1		1	
1	1		1		2	1	1	1		
1	1		2		1	2	1	1		
0		1		1		4	1			
1	1	1		8				1		
1	1	2		1				1		
1	1	1		1				1		
Total.	19	17	22	18	40	52	31	34	»	3

SÉANCE DU 19 MARS — 1er TABLEAU

FIGURE des coups do cartes — 3 coups nombre adopté	RÉSULTAT OBTENU EN JOUANT						NOMBRE DE COUPS passés		DIFFÉRENCE en FAVEUR (Col. 8 et 9)	
	UNE MISE ÉGALE		avec paroli sur le second coup de la série de gain correspondante du banquier		une MARTINGALE ascendante sur 5 coups de gain correspondants du banquier		par la BANQUE	par le PONTE	de la BANQUE	du PONTE
	GAIN	PERTE	GAIN	PERTE	GAIN	PERTE				
1	2	3	4	5	6	7	8	9	10	11
							1			
1							1	1		
							1			
		1		1		1	1			
1	1		1		2			1		
0										
		1		1		1	1			
1								1		
0										
		1		1		2	1			
0							1			
		1		1		4	1			
		1		1		8				
1	1		1	2	16		1	1		
1	1		1		2	1		1		
1	1		1		1		1	1		
1								1		
0								1		
1										
1										
		1		1		1	1			
1							1	1		
								1		
1	1		1		2			1		
1	1		1		1		1	1		
		1		1		1	1	1		
		1		1		2	1			
		1		1		4	1			
		1		1		8	1			
a reporter	6	11	6	12	24	33	20	12	»	»

SÉANCE DU 19 MARS — 1er TABLEAU (suite)

FIGURE des coups de cartes — 3 coups nombre adopté	RÉSULTAT OBTENU EN JOUANT						NOMBRE DE COUPS passés		DIFFÉRENCE en FAVEUR (Col. 8 et 9)	
	UNE MISE ÉGALE		avec paroli sur le second coup de la série de gain correspondante du banquier		une MARTINGALE ascendante sur 5 coups de gain correspondants du banquier		par la BANQUE	par le PONTE	de la BANQUE	du PONTE
	GAIN	PERTE	GAIN	PERTE	GAIN	PERTE				
1	2	3	4	5	6	7	8	9	10	11
Report.	6	11	6	12	24	33	20	12	»	»
1	1		1		16			1		
0		1		1		1	1			
		1		1		2	1	1		
		1		1		4	1	1		
						8	1			
1	1		1		16		1			
0		1		1		1	1	1		
1	1	1	1		2	1	1	1		
1	1		1	2	2			1		
1	1		1		1			1		
1								1		
1	1		1				1	1		
		1		1		1	1	1		
		1		1		2	1	1		
		1		1		4	1			
						8	1			
1	1		1		16			1		
0		1		1		1	1			
						2	1			
1	1		1	2	4			1		
1	1		2		1			1		
		1		1		1	1			
							1			
							1			
Total.	14	24	15	26	82	69	41	24	16	»

SÉANCE DU 19 MARS — 2me TABLEAU

FIGURE des coups de cartes — 3 coups nombre adopté	RÉSULTAT OBTENU EN JOUANT — UNE MISE ÉGALE — GAIN	PERTE	avec paroli sur le second coup de la série de gain correspondante du banquier — GAIN	PERTE	une MARTINGALE ascendante sur 5 coups de gain correspondants du banquier — GAIN	PERTE	NOMBRE DE COUPS passés — par la BANQUE	par le PONTE	DIFFÉRENCE en FAVEUR (Col. 8 et 9) — de la BANQUE	du PONTE
1	2	3	4	5	6	7	8	9	10	11
1								1		
1								1		
							1			
1								1		
							1			
1	1		1		1			1		
							1			
0										
							1			
		1		1		1	1			
		1		1		2	1			
0										
1	1		1		4			1		
		1		2		1	1			
		1		1		2	1			
							1			
		1		1		4	1			
		1		1		8	1			
1	1		1		16			1		
1	1		2		1			1		
		1		1		1	1			
							1			
1								1		
1	1		1		2			1		
1	1		1		1			1		
0										
							1			
							1			
		1		1		1	1			
		1		1		2	1			
1	1		1		4			1		
1	1		2		1			1		
		1		1		1	1			
1								1		
							1			
1	1		1		2			1		
à reporter	9	10	11	11	32	23	19	14	»	»

SÉANCE DU 19 MARS — 2ᵐᵉ TABLEAU (suite)

FIGURE des coups de cartes — 3 coups nombre adopté 1	RÉSULTAT OBTENU EN JOUANT						NOMBRE DE COUPS passés		DIFFÉRENCE en FAVEUR (Col. 8 et 9)	
	UNE MISE ÉGALE		avec paroli sur le second coup de la série de gain correspondante du banquier		une MARTINGALE ascendante sur 5 coups de gain correspondants du banquier		par la BANQUE	par le PONTE	de la BANQUE	du PONTE
	GAIN	PERTE	GAIN	PERTE	GAIN	PERTE				
	2	3	4	5	6	7	8	9	10	11
Report.	9	10	11	11	32	23	19	14	»	»
1	1		1		1		1	1		
0							1			
1	1		1		1		1	1		
1	1	1	1	2	1	1	1	1		
		1		1		2	1	1		
1		1	1	1		4	1			
		1		1		8	1	1		
1	1	1	1	1	16	1	1	1		
1	1		1	1	2		1	1		
0		1		1		1	1	1		
1	1	1	1	1		2	1	1		
		1		1		4	1	1		
	1	1	1	1		8	1			
0	1	1		2	16	1	1	1		
1		1	1	1		2	1			
1	1	1	1	1	8	4	1	1		
1	1		1	1	1		1	1		
1	1		1		1		1	1		
Total.	18	22	20	25	79	61	40	25	11	»

SÉANCE DU 20 MARS — 1er TABLEAU

FIGURE des coups de cartes — 3 coups nombre adopté	RÉSULTAT OBTENU EN JOUANT						NOMBRE DE COUPS passés		DIFFÉRENCE en FAVEUR (Col. 8 et 9)	
	UNE MISE ÉGALE		avec paroli sur le second coup de la série de gain correspondante du banquier		une MARTINGALE ascendante sur 5 coups de gain correspondants du banquier		par la	par le	de la	du
	GAIN	PERTE	GAIN	PERTE	GAIN	PERTE	BANQUE	PONTE	BANQUE	PONTE
1	2	3	4	5	6	7	8	9	10	11
1								1		
1								1		
							1			
							1			
							1			
		1		1		1				
0										
1	1		1		2			1		
				2		1				
				1		2				
1	1		1		1			1		
1	1		1		1			1		
1	1		2		1			1		
							1			
							1			
		1		1		1				
1	1		1		2			1		
1	1		2		1			1		
0										
1								1		
0										
		1		1		1	1			
							1			
		1	1			2	1			
		1	2			4				
0		1		1		8	1			
1	1		1		16			1		
		1		1		1	1			
1	1		1		2			1		
1	1		1		1				1	
			1		1		1		1	
1	1		1		1				1	
à reporter	10	9	15	8	31	21	19	13	»	»

SÉANCE DU 20 MARS — 1ᵉʳ TABLEAU (suite)

FIGURE des coups de cartes — 3 coups nombre adopté	RÉSULTAT OBTENU EN JOUANT						NOMBRE DE COUPS passés		DIFFÉRENCE en FAVEUR (Col. 8 et 9)	
	UNE MISE ÉGALE		avec paroli sur le second coup de la série de gain correspondante du banquier		une MARTINGALE ascendante sur 5 coups de gain correspondants du banquier		par la	par le	de la	du
	GAIN	PERTE	GAIN	PERTE	GAIN	PERTE	BANQUE	PONTE	BANQUE	PONTE
1	2	3	4	5	6	7	8	9	10	11
Report.	10	9	15	8	31	21	19	13	»	»
		1		1		1	1			
1	1		1		2		1	1		
1	1	1	1	2	2	1		1		
		1		1		1	1			
1	1		1		2		1	1		
		1		2		1	1			
		1		1		2	1			
		1		1		4	1			
		1		1		8	1			
		1		1		16	1			
1	1		1		1			1		
		1		2		1	1			
1	1		1		2			1		
1				1		1		1		
				1			1			
							1			
		1		1		2	1			
				1		4	1			
1	1		1	8		1		1		
		1		2		1	1			
		1		1		2	1			
1		1		1		4	1		1	
1	1		1	8				1		
		1		1		1	1			
0				1		1				
							1			
1	1					2		1		
Total.	18	25	32	28	54	71	43	21	49	»

SÉANCE DU 20 MARS — 2ᵐᵉ TABLEAU

FIGURE des coups de cartes — 3 coups nombre adopté	RÉSULTAT OBTENU EN JOUANT						NOMBRE DE COUPS passés		DIFFÉRENCE en FAVEUR (Col. 8 et 9)	
	UNE MISE ÉGALE		avec paroli sur le second coup de la série de gain correspondante du banquier		une MARTINGALE ascendante sur 5 coups de gain correspondants du banquier		par la BANQUE	par le PONTE	de la BANQUE	du PONTE
	GAIN	PERTE	GAIN	PERTE	GAIN	PERTE				
1	2	3	4	5	6	7	8	9	10	11
1								1		
							1			
							1			
							1			
1 / 0	1		1		1			1		
		1		1		1	1			
							1			
		1		1		2	1			
1 / 1	1		1		1			1		
	1		2		1			1		
		1		1		1	1			
							1			
							1			
1	1		1		2		1	1		
		1		1		1	1			
1 / 1	1		1		2			1		
							1			
0 / 1								1		
		1		1		1	1			
1 / 1	1		1		2			1		
		1		1		1	1			
1							1			
1 / 1	1		1		2			1		
	1		2		1	1		1		
							1			
							1			
1 / 1	1		1		1			1		
1	1		1		1	1	1	1		
							1			
à reporter	10	6	12	6	17	7	18	16	»	»

SÉANCE DU 20 MARS · 2ᵐᵉ TABLEAU (suite)

FIGURE des coups de cartes — 3 coups nombre adopté	UNE MISE ÉGALE — GAIN	UNE MISE ÉGALE — PERTE	avec paroli sur le second coup de la série de gain correspondante du banquier — GAIN	— PERTE	une MARTINGALE ascendante sur 5 coups de gain correspondante du banquier — GAIN	— PERTE	NOMBRE DE COUPS passés — par la BANQUE	par le PONTE	DIFFÉRENCE en faveur (Col. 8 et 9) — de la BANQUE	du PONTE
1	2	3	4	5	6	7	8	9	10	11
Report.	10	6	12	6	17	7	18	16	»	»
		1 1		1 1		1 2	1 1 1			
1	1	1 1	1	2 1	4	1 2	1 1	1		
0		1		1		4	1			
1 1	1 1	1	1 2	1	8 1	1	1	1 1		
1			1		2	1		1		
1	1		1				1	1		
1							1	1		
		1		1		1	1 1			
1 1	1 1		1 2		2 1		1	1 1		
1							1	1		
1 0 1	1 1		1	1	1	1		1		
0 0 1								1		
1	1	1	1		1		1	1		
0		1		2	1	1	1	1		
Total.	20	14	22	18	39	20	33	32	1	»

RÉCAPITU

PREMIER TABLEAU

DATE des séances.	RÉSULTAT OBTENU EN JOUANT						NOMBRE DE COUPS passés		DIFFÉRENCE en FAVEUR (Col. 8 et 9)	
	UNE MISE EGALE		Avec pari sur le second coup de gain du banquier. Voir à la préface les coups auxquels s'applique cette combinaison.		une MARTINGALE ascendante sur 5 coups de gain correspondants du banquier					
	GAIN	PERTE	GAIN	PERTE	GAIN	PERTE	par la BANQUE	par la PONTE	de la BANQUE	du PONTE
	2	3	4	5	6	7	8	9	10	11
1er Mars	15	13	18	15	36	36	26	37		
2 —	22	10	26	12	38	16	30	36		
3 —	19	18	23	22	18	36	38	29		
4 —	21	18	26	21	55	31	37	25		
5 —	20	19	24	20	41	51	37	27		
6 —	22	13	26	15	30	10	31	32		
7 —	16	20	18	23	49	10	38	33		
8 —	21	14	24	18	38	17	32	31		
9 —	20	15	21	16	51	35	33	32		
10 —	23	8	28	9	32	10	26	35		
11 —	20	16	25	19	42	23	32	31		
12 —	16	19	19	22	40	55	31	32		
13 —	16	23	19	25	53	00	38	24		
14 —	18	20	21	23	51	31	37	28		
15 —	20	17	23	20	54	31	37	30		
16 —	19	10	23	11	30	12	27	36		
17 —	19	14	22	15	33	15	30	33		
18 —	19	16	21	21	41	26	33	33		
19 —	14	24	15	26	82	69	41	24		
20 —	18	25	22	28	58	71	43	21		
Totaux.	378	332	417	381	908	756	677	612	65	»
Résultat obtenu.	46	»	66	»	152	»	»	»	»	»
Moyenne par jour.	2 1,4	»	3 1,1	»	7 1,2	»	»	»	»	»

LATION

DEUXIÈME TABLEAU

DATE des séances.	RÉSULTAT OBTENU EN JOUANT						NOMBRE DE COUPS passés		DIFFÉRENCE en FAVEUR (Col. 8 et 9)	
	UNE MISE ÉGALE		avec paroli sur le second coup de gain du banquier (Voir à la préface les coups auxquels s'applique cette combinaison.)		une MARTINGALE ascendante sur 5 coups de gain correspondants du banquier		par la BANQUE	par le PONTE	de la BANQUE	du PONTE
	GAIN	PERTE	GAIN	PERTE	GAIN	PERTE				
	2	3	4	5	6	7	8	9	10	11
1er Mars	21	12	25	16	39	18	27	31		
2 . . .	20	18	21	19	50	30	31	30		
3 —	20	11	21	11	43	21	31	31		
4 —	16	22	18	23	15	61	36	27		
5 —	23	17	29	18	12	50	32	28		
6 —	22	13	29	11	40	18	31	32		
7 —	12	25	12	29	18	69	39	30		
8 —	23	12	26	16	11	18	31	31		
9 —	21	12	25	13	35	15	28	33		
10 —	18	16	20	18	45	29	31	33		
11 —	21	12	25	15	36	14	30	31		
12 —	20	21	22	24	33	61	37	28		
13 —	16	17	18	20	37	52	31	33		
14 —	22	14	26	15	11	19	34	31		
15 —	17	21	20	22	43	58	36	32		
16 —	16	18	19	20	19	33	32	31		
17 —	14	19	15	22	50	37	35	31		
18 —	19	17	22	18	40	52	31	31		
19 —	18	22	20	25	79	61	40	26		
20 —	20	14	22	18	39	20	33	32		
Totaux.	379	336	441	379	891	712	605	618	47	»
Résultat obtenu.	43	»	62	»	152	»	»	»	»	»
Moyenne par jour.	2	»	3	»	7 1/2	»	»	»	»	»

La moyenne des mises gagnées du premier tableau s'élève à 2 ¼, à 3 ⅓, et à 7 et ½ par jour suivant la combinaison adoptée ; elle est de 2, de 3 et de 7 et ½ du second.

Ce résultat peut être doublé, triplé, peut être même quadruplé, si l'on joue en **chevauchant** sur les deux tableaux, mais à la condition expresse de ne pas commettre d'erreurs dans le pointage, car tout est là.

En terminant, je donnerai comme derniers conseils :

1° De ne jouer qu'une mise relative contre une banque limitée ;

2° De ne pas jouer simultanément sur les deux tableaux, autrement dit : *à cheval* ;

3° De suivre le tableau où, d'après le pointage, la passe paraît plus accentuée ;

4° De ne pas vouloir trop gagner en une seule séance, et de quitter le jeu si l'on parvient à tripler seulement le gain prévu ;

5° D'adopter de préférence la *figure* de 3 coups, et de jouer le plus souvent d'après la combinaison qui consiste à faire une martingale ascendante de 5 coups sur 5 passes correspondantes du banquier ; (*le capital ayant été, au préalable, divisé en* $^{31}/_{31}$, *l'on n'en jouera d'abord qu'un, puis deux, quatre, huit et enfin seize s'il y a lieu, mais l'on devra se retirer si la martingale saute dès le début ; continuer en ce cas, serait s'exposer à perdre plus de 31 mises en une séance, et vouloir diminuer à plaisir la moyenne du gain assuré*).

Avignon. — Imprimerie administrative Amédée Gros, rue St-Dominique, 18.